Mišel Onfre
MOĆ POSTOJANJA

XXI vek
Knjiga 4

Urednik
SIMON SIMONOVIĆ

Na koricama:
Hans Makart, "Darovi zemlje", 1870.

Mišel Onfre

MOĆ POSTOJANJA
Hedonistički manifest

S francuskog prevela
ALEKSANDRA MANČIĆ

RAD
2007.

Izvornik
Michel Onfray
La puissance d'exister. Manifeste hédoniste
© Éditions Grasset & Fasquelle, 2006
© za srpsko izdanje RAD, 2007

Užitak rad bi da večno traje.

Niče, *Tako je govorio Zaratustra*,
"Druga pesma za ples"

SADRŽAJ

PREDGOVOR: *Autoportret autora kao deteta* 13

PRVI DEO: ALTERNATIVNA METODA 47

I. POBOČNI TOK FILOZOFIJE 49
1) Vladajuća istoriografija. 2) Platonovsko *a priori*. 3) Protivistorija filozofije.

II. TELESNI RAZUM 61
1) Autobiografski roman. 2) Egzistencijalni hapaks. 3) Dešifrovanje jedne egodikeje.

III. FILOZOFSKI ŽIVOT 71
1) Perspektiva mudrosti. 2) Pragmatički utilitarizam. Hedonistički sistem.

DRUGI DEO: ETIKA PO IZBORU 83

I. ATEOLOŠKI MORAL 85
1) Jevrejsko-hišćanska epistema. 2) Nužna dehristijanizacija. 3) Posthrišćanski ateizam.

II. IMANENTNO PRAVILO IGRE 95
1) Estetička etika. 2) Vajanje našeg Ja. 3) Neuronsko obučavanje.

III. HEDONISTIČKA INTERSUBJEKTIVNOST 105
1) Hedonistički ugovor. 2) Etički krugovi. 3) Dijalektika učtivosti.

TREĆI DEO: SOLARNA EROTIKA 115

I. ASKETSKI IDEAL 117
1) Mitologija nedostatka. 2) Ideologija porodice. 3) Asketski kodeks.

II. LIBERTARIJANSKI LIBIDO 125
1) Lagani eros. 2) Samačka mašina. 3) Metafizika sterilnosti.

III. TELESNA GOSTOLJUBIVOST 133
1) Erotski ugovor. 2) Ludičke kombinacije. 3) Libertenski feminizam.

ČETVRTI DEO: KINIČKA ESTETIKA 141

I. LOGIKA ARHIPELAGA 143
1) Revolucija gotovog proizvoda. 2) Smrt Lepog. 3) Arheologija sadašnjice.

II. PSIHOPATOLOGIJA UMETNOSTI 151
1) Nihilistička negativnost. 2) Istrajnost platonizma. 3) Religija robe.

III. KINIČKA UMETNOST 159
1) Cinični protivotrov. 2) Prenošenje kodova. 3) Ponovno materijalizovanje stvarnog.

PETI DEO: PROMETEJSKA BIOETIKA 169

I. DEHRISTIJANIZOVANO TELO 171
1) Anđeoski model. 2) Heuristika smelosti. 3) Produžetak tela.

II. VEŠTINA VEŠTAČKOG 179
1) Prevazilaženje ljudskog. 2) Eugenika izbegavanja. 3) Metafizika veštačkih tvorevina.

III. FAUSTOVSKO TELO 187
1) Između dva ništavila. 2) Neuronski identitet. 3) Pedagogija smrti.

ŠESTI DEO: LIBERTARIJANSKA POLITIKA 195

I. KARTOGRAFIJA BEDE 197
1) Liberalna imperijalna logika. 2) Prljava beda protiv čiste bede. 3) Mikrološki fašizam.

II. HEDONISTIČKA POLITIKA 209
1) Libertarijanski kolerički genije. 2) Levo ničeovstvo. 3) Dokrajčiti Maj '68.

III. PRAKSA OTPORA 217
1) Pojedinac postaje revolucionaran. 2) Udruženje egoista. 3) Hedonistička politika.

Predgovor

Mojoj majci, iznova nađenoj

AUTOPORTRET AUTORA KAO DETETA

1

Umro sam kad mi je bilo deset godina, jednog lepog jesenjeg popodneva, pod svetlošću od koje poželimo da smo večni. Septembarska lepota, oblaci iz snova, prozračnost zore sveta, slast vazduha, miris lišća i beldožuto sunce. Septembar 1969 / novembar 2005. *Konačno* na papiru pristupam tom trenutku svog postojanja, posle izgovora traženih u tridesetak knjiga, samo da ne bih morao da napišem stranice koje slede. Tekst je odlagan za kasnije: previše je mučno vraćati se na četiri godine u sirotištu kod očeva salezijanaca, između moje desete i četrnaeste godine – za čime su usledile još tri dodatne godine po internatima na drugim mestima. Ukupno sedam. U sedamnaestoj godini sam pobegao, kao živi mrtvac, i pošao u pustolovinu koja me je danas dovela do ovog lista hartije na koji ću istresti deo ključeva svoga bića...

Pre deste godine moj život se odigrava u prirodi u mom rodnom selu u opštini Šamboa: bljutava voda reke u kojoj pecam svetlarice, grmlje u kojem berem kupine, zova s koje berem grane od kojih ću napraviti starinsku sviralu grčkih pastira, puteljci kroz šipražje, šuštanje šume, miris njiva, treperenje vetra u osju žita, miris useva, let pčela, trka podivljalih mačaka. Srećno sam živeo u ta vergilijevska vremena. Pre nego što sam pročitao *Georgike*, doživeo sam ih, moja put bila je u neposrednom dodiru s tvari sveta.

Moj bol iz tog vremena je moja majka. Nisam bio nepodnošljivo dete, ali me ona nije podnosila. Imala je za to razloge koje sam shvatio tek mnogo kasnije, u vreme kad postajemo odrasli zato što prestajemo da se ljutimo na slepce koji su nas doveli do ivice provalije i koje počinjemo da sažaljevamo kad u nama jednom proradi razum. Moja je majka verovatno previše sanjala svoj život izbegavajući da ga zaista živi, poput mnoštva žena koje su učili da im je bovarijevski nagon druga priroda. Pošto ju je tukla, mrzela i napustila majka čiji joj obrisi nisu ostali previše jasni, pošto je bila smeštana u porodice koje je plaćala socijalna pomoć i gde su je iskorišćavali, udarali, ponižavali, morala je misliti da je brak prilika da prekine tu noćnu moru.

Ipak, brak nije ništa promenio u tom životu pisanom mnogo godina ranije, svakako još od onoga dana kad je, odmah po rođenju u nedelju, za praznik Svih svetih, ostavljena u korpi pred vratima crkve. Niko se ne može oporaviti od toga što ga je rođena majka jednoga dana odbacila; još i manje kada, i ona već majka, i sama odbaci dete, u paklu svog nesvesnog zamišljajući da će joj uloga koju je odigrao neko drugi dozvoliti da ona ne odigra svoju. Bilo bi to tako jednostavno... Ni muž, ni deca, ni porodica ne pružaju ono što omogućava samo ponovni pronalazak središta povređenog subjekta. Kako bi moja majka mogla spokojno živeti s ranom koja krvari u crkvenoj porti? Ne bi li mogla da se izleči, bila joj je potrebna dijagnoza na koju bi mogla pristati.

I previše sam dobro video u kakve je sve ćorsokake moja majka zalutala nerazborito koristeći svoju energiju – poput besne životinje u kavezu koja se glavačke baca na rešetke, večito krvava, sva izubijana od silnog truda i još luđa od saznanja da kroz samouništavanje ne može ukinuti ropstvo. Naprotiv: zatvor postaje sve tešnji, klanje se nastavlja, krv traži krv. U osmoj ili devetoj godini, znao sam i previše. Moja majka možda toga nije bila svesna; ali njeno nesvesno je znalo.

Ćutljivo i zatvoreno dete nije nikog optuživalo, nije se žalilo, nije bilo neštašno kao što to ume dečak njegovih godina. Gledao sam, slušao, merkao, ovde-onde nešto uhvatio, naučio ovo ili ono – na selu, mržnja odraslih neće poštedeti ni dete, naprotiv... Otkrivao sam tajne, naravno, međutim, da li je ona ikad saznala da sam ih ja naslutio? Ne znam. U svakom slučaju, ta žena koja je kao dete bila tučena i sama je tukla svoje dete, opsesivno, svime što bi joj došlo pod ruku. Hlebom, escajgom, raznim predmetima, bilo čime...

Iz tog vremena se ne sećam svojih značajnijih gluposti ili grehova, ali mi je ona pretila popravnim domom, državnim staranjem, ili sirotištem... Stotinu puta ponovljene reči! To što nečije postojanje na svetu predstavlja živi prekor rođenoj majci što zbog porodice nije kadra da prođe s onu stranu društvenog ogledala ne daje toj majci pravo da se otarasi svog deteta... Takođe se sećam da mi je proricala da ću završiti na stratištu! Pošto nisam ubio oca, ni (još manje) majku, niti pomišljao na karijeru drumskog razbojnika, a još manje na veštine koljača, teško sam sebe mogao zamisliti pod giljotinom. Moja majka, naprotiv, s tim nije imala teškoća!

Bože blagi, koliko li je patila što se nije mogla uzdržati od mržnje koju su je naterali da oseća i koju je bez ikakve razlike izlivala na svet, nesposobna i rođenog sina da poštedi! Kako dete pre svoje desete godine može shvatiti taj slepi mehanizam koji izbezumljene aktere obuzete ludilom što ih uništava uvlači u sebe i protiv njihove volje? Majka tuče sina kao što crep pada s krova; vetar tu ništa nije kriv. Ostavivši ćerku pred vratima crkve moja baba, o kojoj ne znam ništa, doprinela je svemu što se dešavalo s tim detinjstvima stavljenim pod znak negativnosti. Slepa sila koja pokreće planete istim nesvesnim pokretom vodi bića koja se hrane njenim crnim energijama.

Tako su me, dakle, sklonili majci s puta i smestili me u sirotište, čudnog li paradoksa, *moji rođeni roditelji*... Prinudno ponavljanje. Prvobitna scena. Upriličenje katarze. Ja sam na sceni igrao ulogu čiju logiku nisam poznavao. Isto je tako bilo i s mojom majkom. Moj otac je digao ruke, nesposoban da se suprotstavi nasilnosti moje majke koja je u takvim prilikama udvostručavala svoje zle snage. Njegova blaga priroda, njegova pomirljivost po svaku cenu, bili su saučesnici koje je, uostalom, savladala iscrpljujuća brutalnost zemljoradničkog posla i beda života na koji se nikad nije žalio.

I tako su me u septembru 1969. godine odveli u to sirotište pod imenom Žijel – mešavinom reči *gel* i *fiel*[1]. Naravno, primana su tu i deca koja su još imala roditelje, ali je to mesto u XIX veku bilo zamišljeno kao smeštaj jedino za siročad. Na poštanskom žigu na omotnicama, u zaglavljima

---

[1] Led i jed (fr.) - *Prim. prev.*

zvanične prepiske, na drumskim oznakama, u školskim biltenima, na ovalnim školskim pečatima, u oglasima u novinama, u izveštajima lokalne štampe, stajalo je jasno i glasno: *sirotište*.

Šta može značiti za desetogodišnje dete kad ga tamo odvedu nego da ga napuštaju? Nastavak pruža priliku da se istorija iznova napiše, i zaboravljajući na popravni dom, državno staranje i druge majčinske nežnosti, moja je majka često kasnije pričala kako je predviđala da ću nastaviti da učim visoke škole i da me je onaj internat pravilno pripremio za nastavak školovanja, što je pokazao i moj život, za koji niko nije znao i koji je bio sasvim neverovatan. Zašto onda ne najbliži kolež na kojem je učio moj brat? I iz kojeg se svake večeri vraćao kući. Žijel je za moju majku zaista bio prilika da zameni svoj položaj napuštenog deteta za položaj majke koja je napustila dete.

2

Pansion se nalazi na trideset minuta od mog rodnog sela – udaljen tačno dvadeset i osam kilometara. Maj '68 odigrao se a da nije bilo vremena da doputuje do te zabiti u Donjoj Normandiji. U tom mestu na Orni vrvi od veštica i bajanja, prljavih igara i vračeva-pogađača. Kad je duh Maja dve godine kasnije doveo do nekih posledica, reč sirotište zamenio je akronim dobro poznat u to vreme: sirotište Žijel nestalo je da bi se pojavio E.S.A.T. - Srednja agronomsko-tehnička škola – koja je samo u drugačiji papir umotala istu salezijansku logiku.

U njenom građenju korišćen je kamen iz armorikanskog masiva, granit koji, kad ga natope kiše, postaje taman i baca vas u očajanje. Sama zgrada, što nije nikakvo iznenađenje, preuzela je plan zatvorske građevine – ludnice, zatvora, bolnice, kasarne. Celina ima oblik slova E. Desetogodišnjem detetu, visokom svega jedan metar, to što se našlo u zagrljaju takvog zdanja smoždilo je i telo i dušu. Oko tog tvrdog jezgra širili su se ambar, radionica za obuku u zanatima, zimska bašta, sportski tereni. Sve to zajedno ličilo je na selo. Šesto učenika i nastavnika po broju prevazilazi stanovništvo sela iz kojeg sam došao. Bila je to mašinerija za sebe, mašina-ljudožderka, kanibalska kloaka.

Zatvor nema zidove, nema tačno utvrđene granice, jasno postavljene znakove koji bi govorili šta je unutra, a šta napolju. Kad smo u njega ušli? Okolna polja su već, ili tek, priprema. Nedaleko od središnjeg jezgra nalazi se Mlin, sa bazom za kanue i kajake koje su sagradili fratri i nizom zgrada na obali Orne, sićušnom replikom pećine kod Lurda, putevima koji vode do nje, šumarkom u blizini, drvećem s nekog mesta zvanog Belveder, poljima, đubrištem pod otvorenim nebom. Sve se to i dalje zove Žijel...

S takvog mesta ne može se pobeći. Nemajući kud, spuštamo se putem koji se survava u crno srce disciplinovanja. Ko god reši da pobegne, odmah se nađe u poljima neprijateljski raspoloženim prema svakome onom ko ih ne poznaje do tančina. Niz ona dva-tri druma u okolini prolaze popovska kola, kola seljaka, meštana koji će odmah zapaziti da je dete što sasvim samo prolazi ivicom puta nesumnjivo pobeglo iz sirotišta. Ono napolju već je unutra, i obrnuto. Nemoguće je pobeći iz zatvora na kojem nema brave. Telo i duša su dovedeni u red, čak i na daljinu, naročito na daljinu.

Središnja zgrada nalazi se naspram kapele. To je zvaničan naziv. U stvari je to pre crkva, velika koliko i seoski parohijski dom. Sagrađena poslednja od svih okolnih zgrada, jasno se izdvaja iz celine. Izlomljena linija njenog krova ocrtava ugao sasvim u duhu arhitekture šezdesetih godina. Zamišljamo Kazotovog đavola kako spušta dupe na krov ne bi li na kapeli ostavio rupu na mestu svog prolaska. S krovom od antracita, napravljena od sivog granita, s dugim trakama vitraža – iznutra mračna, spolja svetla – sa zvonikom (bez zvona) od armiranog betona, i još kad je nakvasi kiša, ta celina vas baca u očajanje.

Kraj kapele, ispred glavne zgrade, tik uz ambar (sa gomilama stajskog đubriva u dvorištu, dok po njemu muču krave i šetka se Fernan, dobrodušna budala s očima kao u lasice i večnim glupavim osmehom), u maleckom vrtu stoji skulptura koju bih nazvao pedofilnom u etimološkom smislu: na njoj su prikazani Don Bosko[1] i Dominik Savio, prvi u nizu sledbenika sveca iz zlatne legende salezijanske mitologije. Od Franje Saleškog, pisca lepih *Duhovnih razgovora* – izvanrednih stranica o "blagosti koju nosimo na sebi"... – nije ostalo mnogo.

Don Bosko je izbrisao Franju Saleškog. Fratri dele strip pod nazivom *Čudotvorni i junački život Don Boska*. Od tog trenutka *Uvod u pobožni život* više ne znači ništa. Na načelima Jakova od Voragine, ali oružjem Gosinjija i Iderza, prikazuju nam pozitivnog junaka koji je na poslednjoj sličici, posle besprekornog životnog puta, kanonizovan milošću Pape Pija XI. Od siromašnog porekla do neba u Crkvi svetog Petra, Don Bosko je otelovljenje

---

[1] Salezijanski red dobio je ime po svetom Franji Saleškom, a osnovao ga je Don Bosko u XIX veku. - *Prim. prev.*

idealnog životnog puta prema merilima apologetskog uma.

Ako je verovati strip-verziji, Don Bosko je morao da se suprotstavlja skepticizmu svojih savremenika, komunističkom proganjanju, cinizmu i preziru bogataša, otporu nekih crkvenih zvaničnika, ali vođen rukom Proviđenja – ono često preuzima oblik velikog psa zaštitnika po imenu Sivi... – uspeva u svim svojim podvizavanjima. Uključujući i izgradnju sirotišta... Ponekad se uveče molimo da bude popunjen manjak koji sirotište ima; molimo za čudo u gotovini – i sutradan se pojavi neki dobrotvor, a mi zaključimo da su to naše želje uslišene!

Salezijansko staranje sastoji se u tome da se mladima pruži obuka, tačnije, da se oni usmere na zanate. Od te tačke, unutrašnja organizacija smera ka jasno utvrđenom cilju: svakome treba pronaći zanat dostojan tog imena. Zemljoradnik, pekar, kuvar, kobasičar u vreme kad sirotište živi u autarhiji, metalostrugar, najbolji od najboljih, traksler, baštovan u godinama koje sam ja tamo proveo (1969-1973). Za one koji se mogu intelektualno oblikovati, sveštenički poziv. Ali u salezijanskom duhu nema mesta za ljubav prema inteligenciji, gaji se nepoverenje prema knjigama, oseća strah od znanja. *Inteligent* – kako je često imao običaj da kaže neki pop zadužen za nas – eto, to je neprijatelj...

3

Prvog dana, u prvom satu, u prvim minutima, moje prvo iskustvo, na kojem su se temeljile četiri godine u paklu: na još toplom septembarskom suncu čekam u redu da uđem u ekonomat. Razni papiri, pravilnik o ponašanju, administrativni upis, formalnosti na početku školske godine. Proziva nas sveštenik koji zviždi u cev na jednom od ključeva koje nosi u svežnju i deli nas po razredima, peti čeka da bude uključen u mehanizam sirotišta.

Roditelji su mi otišli. Ostavio sam svoj kartonski kovčežić na ogromnoj gomili kraj stepeništa, višoj od mene. Ubrzo, povratak u moje selo, tri nedelje kasnije – ali samo na nekoliko sati. Prema aršinu mojih godina, cela večnost, vreme koje je nemoguće izmeriti bilo kako drugačije osim prema rupi koju je izdubilo u mom srcu toliko da su mi se noge odsekle i da se umalo nisam na mestu srušio, tamo, u dvorištu, usred graje dece koja su surovo puštena da se suoče sa svojom sudbinom. Tu se ispisuje povest bića, tim egzistencijalnim mastilom i tom puti koja se otima od vas, telom koje kao životinja oseća samoću, napuštenost, usamljenost, kraj sveta. Otrgnut od svojih navika, obreda, od poznatih lica, od prisnih mesta, našao sam se sam na svetu, osetio paskalovsku beskonačnost i vrtoglavicu koju ona izaziva. Vrtlog duše i telesnih sokova...

Samo što se nisam onesvestio ne bih li izbrisao taj prizor laganog utapanja u stado, ceo celcat sam se pretvorio u beznačajan događaj stojeći iza zadignute kragne na bluzi ispred mene. Na odeći dečaka koji je stajao ispred mene u redu vidim belu traku, zatim ime izvezeno crvenim koncem. Ime, prezime. Odjednom, zadrhtim: i ja na svojoj odeći imam te komaduće tkanine koje zahteva uprava sirotišta, ali tu nema mog imena. Samo broj: 490.

Tle mi se izmiče pod nogama. Svršeno je, dakle, s Mišelom Onfreom. Od sad ću biti samo 4-9-0, brojke koje moje ime svode na taj broj. Prirodno, u sirotištu sam, to je mesto na kojem se deca napuštaju, pa tako moram i da se odvojim od ličnog imena ne bih li postao samo broj na spisku. Dečak ispred mene, međutim, mora biti da ima roditelje, pa time i neko poreklo, srodstvo na koje može da se pozove i da se diči imenom ispisanim crvenim slovima. Ali sa mnom nije tako, sa mnom je svršeno. Ja sam umro tamo, toga dana, u tom trenutku. U najmanju ruku, u meni je umrlo dete i ja sam namah odrastao. Od tada me ne plaši više ništa, ne pribojavam se da će doći bilo šta razornije od toga.

4

Kasnije sam otkrio da sam 490 zaista ja, ali samo za perionicu... Pošto spadam među one koji u pansionu ostaju najduže – izuzev prave siročadi – moram da koristim usluge perionice u ustanovi. U tom svetu prljavštine, znoja, zadaha malih dečaka, smrada neopranih popova, skorenih ostataka hrane, perionica pruža bezbednu luku čistoće, blagih mirisa – očuvanog detinjstva.

U međuvremenu, otkrivam tajne mašinerije. Poput svih sistema moći, i ona radi na pogon podele i hijerarhije. Od šesto učenika, svaki je potekao iz određene grupe, pa onda iz podgrupe s posebnim zakonima, pravilima, povlasticama. Ključni rez: rasa gospodara sa šegrtima, pomoćnicima, čvrstim, postojanim, rmpalijama, budućim samostalnim zanatlijama, svetinjom nad svetinjama ljudi od zanata; zatim rasa nižih bića, intelektualci, lenštine što se vuku od položaja do položaja, žene, sekaperse što recituju svoje latinske deklinacije, zloglasni *inteligenti* sumnjive muškosti – što je vrhunac u tom leglu popova-pedofila.

Na trenutak, blesak: mogućnost da se posle male mature pređe na zanatsku obuku, poput onih prvih. Gotov čovek koji ume da pokaže da razlikuje akuzativ od ablativa, ali u isti mah izvanredan majstor za strugom ili rendetom. Mogao je podleći iskušenju bele košulje i čistih ruku, ali se odlučio za šuške ili opiljke. Na poslednjem sastanku nastavnog veća u osmom razredu sumnjaju u to da mogu da dobijem svedočanstvo, potpuno odbacuju mogućnost da polažem maturu i nude mi da učim za metalostrugara - što ja odbijem, i to platim šamarom koji sam dobio od majke. I moji roditelji slažu se da intelektualac nije bogzna šta, ako ne i ništa.

Mašinerija moći na dva dela preseca i klasični kolež: viši srednjoškolci (sedmi i osmi) i niži srednjoškolci (peti i šesti). Zajedno s maltretiranjem, poniženjima ili pakostima petnaestogodišnjih preadolescenata koje moraju pretrpeti "mali petaci" od kojih su najmlađi upravo napunili deset godina. Naravno, kroz iskušenja inicijacije prolazi se s blagoslovom popova.

Razredi su podeljeni na grupe po abecedi: od A do C, u koju spadaju oni najmanje dobri. Prva grupa – na to obavezuje vrhunska klasa – sastavljena je od onih koje profesori klasičnih predmeta smatraju za najbolje učenike. Ali, kod popova, koji se služe drugačijom hijerarhijom to nije nužno tako. Štaviše, oni se služe dvostrukom hijerarhijom: jedna je sportska, druga muzička. Naime, salezijanci se klanjaju dvema religijama: Don Boskovoj, u kojoj se mora i može pevati, i fudbalskoj. Ja sam u oba ta sveta ateista...

Na veronauci u sirotištu, neki pop koji je bio fanatično zaljubljen u fudbal, poreklom iz Sen-Brijeka, obožavalac Majene – zbog njenog sportskog kluba Laval, čini mi se...

– svira na klarinetu uprkos tome što mu je pokidana tetiva na malom prstu (što mu se desilo zato što nije bio kadar da bude Žan-Kristijan Mišel[1] svoje generacije). Ponekad balavi u melodiku, čudan instrument dobijen genetskim ukrštanjem usne harmonike i minijaturne klavijature.

Taj trbušasti popa deli učeničku populaciju nadvoje: s jedne strane sportisti, ljubitelji kolektivnih sportova, majenovci, soprano glasovi koji se mogu iskoristiti za hor na misi, učenici s kojima razgovara o fudbalskim rezultatima, Olimpijadama i drugim cirkusijadama, a s druge strane ljudski šljam, svi ostali. I ja sam deo te kaljuge, tih "inteligenata" što čitaju u svom ćošku umesto da razgovaraju o televizijskim prenosima fudbalskih utakmica. Taj pop nas za katedrom uči ljubavi prema bližnjem, a zatim na svetlost dana iznosi klasični mehanizam svake nepravde. Odajem poštu njegovoj uspomeni: i protiv svoje volje, veoma brzo me je naučio kako izgleda samovoljan čovek s kojim nikako ne bih mogao da se složim.

5

Religija sporta otežava život svakom ko se oseća kao ateista u odnosu na tu jedinstvenu veru... Tri nastavnika te discipline – zovu je "sport" ili "aktivnosti na otvorenom", pedagozi još nisu uspeli da nametnu svoje "fizičko i sportsko

---

[1] Žan-Kristijan Mišel je francuski kompozitor inspirisan Bahovom muzikom i evropskim džezom, nastupa na koncertima s Kenijem Klarkom, basistom Gijem Pedersenom, itd. Po struci hirurg, pokrovitelj je Udruženja grupa za istraživanje i proučavanje odnosa stresa i zdravlja koje okuplja pre svega predavače, istraživače, psihologe i lekare. – *Prim. prev.*

obrazovanje" – nose dresove i patike po poslednjoj modi. Vreme je za fluorescentne boje: narandžastu, jarkocrvenu, električnoplavu, u tri trake. Jedan od njih bio je izazivač Gija Drija[1], koji je prošao selekciju za Olimpijadu u Meksiku; drugi, kosmati ragbista iz Tuluza; treći, rahitičan čovek koga su izmučili alkohol, duvan, verovatno i Alžirski rat, koji je plivao u svom dresu od likre boje bele kafe. Sad već odavno ni u čemu ne pliva, pošto je umro pre vremena.

Kraljevska disciplina, kros. Trke održane u šumi i na poljima oko sirotišta pružaju tipičan primer zakona džungle: sa hronometrom u ruci, dobro ušuškani, nastavnici čekaju da krdo protrči. Kad ponovo zamakne u šumu, oni veći, krupniji, stariji, odlučniji, laktovima odgurkuju one mlađe, slabije, krhkije, u grmlje, u žbunje, u potoke. Napred se muški pljuje, pozadi se pljuvačka, sline i bale primaju posred lica.

Oni najiskusniji trče u patikama s kramponima. Isto tako i dečaci iz bogatijih porodica, a ostali se moraju zadovoljiti iznošenim cipelama u kojima će sleteti u jarak čim naiđu na prvu kaljugu.

Prestižući trkače, terajući ih da trče u dobrom pravcu, trkački psi, kojima se popovi dive kad se ponekad poređaju kraj trkačke staze, prete da pokidaju listove najbližih trkača. Škola života, ljubav prema bližnjem.

Jednom godišnje prolazi se kroz zvanično inicijacijsko maltretiranje: salezijanci organizuju "dvadeset četiri časa Le Mana". To je iskušenje okruženo tajnom. Stari već znaju: novi otkrivaju. Zaprega od trojice-četvorice, vezanih konopcima, vodi trku. Na takozvanim tačkama s provijantom, blatnjavi, znojavi, dahćući kao psi, dok ih oni najbrži u

---

[1] Gi Dri (1950) francuski trkač i političar. – *Prim. prev.*

posadi cimaju i psuju, stari pod budnim okom salezijanaca sačekuju grupe i obilno ih zalivaju kofama hladne vode. Škola bližnjeg, ljubav prema životu.

Još jedan zahvat – taj bi oduševio neku donjonormandsku Leni Rifenštal – Olimpijske igre o Uspenjskom četvrtku. Celo sirotište živi u sportskom ritmu od prethodnog dana pa sve do večeri, sa sve otvaranjem pod bakljama sred mrkle seoske noći. Svaki razred predstavlja po jednu zemlju; od majki je traženo da kupe dresove s bojama raznih nacija i da na njima izvezu odgovarajuće zastave.

Defile u kolonama, vojničko marširanje, jednolične grupe, barjaktari izabrani po ćefu odraslih, takmičenja pod krugovima, najbolji nose olimpijski plamen (!), histerični popovi urlaju iza ograde navijajući za svoje miljenike, takmičenja salezijanaca koji pokazuju svoje tanke, bele, dlakave noge na sportskim stazama, podijum, himne, zastave...

Ja sam u sportu darovit, rezultati su mi dobri, pre svega brzina, ali mrzim mazohistička slavlja, pohvalu glupačkom naprezanju, takmičarsko oduševljenje u kojem salezijanska ljubaznost uz pojačanje laičkog predavačkog tela, podučava kako je "važno učestvovati" – prema dobro poznatoj frazi fašiste Pjera de Kubertena – a pri tom slave samo pobednike. Jaki sa slabima, slabi s jakima: tih dana video sam kako s tog surovog zakona prirode spadaju sve maske.

U sirotištu vole prljavo i uprljano, poniženo, slomljeno, umorno, skrhano telo. Popovi ne preteruju u čistoći. Odeća umrljana, izbušena, prepravljana, cipele razgažene, masne mrlje svuda pomalo, usijani laktovi i manžete, sumnjivi mirisi, prljavi nokti. Krv, znoj, suze, ratničke vrline pravilno shvaćenog sporta upotpunjuju sliku. Ko god ne može da deli tu naklonost prema ponižavanju tela i drugim oblicima mržnje prema sebi smatra se za devojčicu. Najveća uvreda.

6

Uobičajeni raspored časova sadrži najmanje jedan čas sporta. Kad se još doda i "na otvorenom" – meni razlika ni dan-danas nije jasna... – to može biti i do tri sata fizičkih aktivnosti u toku dana. Međutim, tuširanje je jednom nedeljno. Bez izuzetka. Četvrtak je u to vreme bio dan za odmor. Trka, i u petak blatnjav u školu? Šta mari: tuširanje sledeće nedelje.

Sami tuševi nalaze se u podrumu od grubog betona. Male pojedinačne kabine sastoje se od drvene podloge na podu, sklepane klupe, tuša, drvenih vrata obojenih u zeleno koja su se otvarala kao kaubojska vrata, na salunima u vestern-filmovima: simbolična okretna vrata bez gornjeg dela, bez donjeg dela, tako da pop-gonič robova kroz paru pogleduje vitko telo ovog ili onog.

Na ulazu čekamo u gaćicama, jedan za drugim, s peškirom i toaletnim priborom u ruci. Otac Brijon vodi računa o mlazu vode, to jest, o vremenu. Nema ni govora o nekom uživanju u vodi, o zadovoljstvu što skidamo prljavštinu s tela, a time i s duše. Nema prilike za osećaj uživanja što smo malo ostali sami, pod toplom kišicom, daleko od sveta, sami sa sobom pod tom ličnom kišom pročišćenja. Zadovoljstvo u čistoći? To je greh. To rade samo devojčice.

Sve se odvija pod palicom. Čekamo na red bez gunđanja; brzo ulazimo; sklanjamo se; prepuštamo mesto sledećem. Zatim odlazimo u podrum s prozorčićima razvlačeći po betonskom podzemlju naše mirise mokrih kučića kako bismo sat vremena gledali televiziju – u to doba, *Zoroa*... Za to vreme, oni s lošim ocenama grejali su stolicu.

Popovska tehnika: kad svi uđu u svoje odeljke, on objavljuje etape koje treba slediti: nakvasi se pod tušem, odmakni se, nasapunjaj se, vrati se pod vodu, isperi se, odmah izlazi napolje, briši se, izlazi, čak i ako voda s tebe curi. Naročito ako voda s tebe curi. Izdaje naredbe mašineriji, urla na nas da iziđemo ispod kiše tople vode. Teško onome ko smesta ne posluša, pošto će on pojačati vrelu vodu. Uz pomoć Pavlova, kolektivno tuširanje nikad ne traje duže od predviđenog vremena...

Jednog strašnog dana, kao dobar poznavalac homerskog gneva i đavolje histerije, otac Brijon na podu kraj tuša nalazi brižljivo položeno govance. Svi su se razbežali da umaknu pred salezijanskim besom. Mislim da je dotični koprofil toliko u sebe upio smrt pojedinca i ovladavanje zajednice u tom sirotištu da je zamišljao da se i vršenje nužde, *kao i sve ostalo*, ubuduće mora pokoravati zakonima zajednice.

7

Gde i kada ostaje mesta za malo spokojnog uživanja u sebi? Kad se pogase svetla, u spavaonici. Međutim, i tu je životni prostor ograničen. Krevet, crveno ili zeleno škotsko ćebe, naizmenično, u spavaonici za sto dvadeset osoba, ormarić s fiokom i vratancima. To je sve bogatstvo. Tu su i neophodne stvari, i sve blago.

Mnogo kasnije ću saznati da je moja majka skrivala pisma od moje drage, neke Parižanke koja je za vreme letnjeg raspusta dolazila u moje selo. Ne primam nikakvu poštu, osim jednom pismo od oca koji mi javlja da je majka u bolnici posle saobraćajne nesreće u kojoj je neki čovek, vozač, poginuo, a neka žena poludela, druga putnica. (Jednoga ponedeljka, kad se neki dečak iz Šamboaa vratio u pansion, rekao mi je da je moja majka poginula u toj nesreći, i tek onda se uprava, od koje sam tražio potvrdu, raspitala, a zatim opovrgla vest – nekoliko časova kasnije...) Za te četiri godine jedino blago mi je bilo pismo s fotografijom mog bezubog mlađeg brata koji je na poleđini napisao neku rečenicu bratske ljubavi. Kasnije su mi roditelji za imendan poklonili pribor za pisanje...

Jedino blago bile su i knjige iz biblioteke u spavaonici. Poučna literatura, naravno, ili loši avanturistički romani – sećam se nekog daveža po imenu Bob Moran... – i nekoliko klasika. Laička nastavnica francuskog tera nas da čitamo Floberovu *Salambo*, veličanstvenu, mironosnu, koja mi je poklonila Kartaginu za raspust u Žijelu. Istok u sirotištu.

Nama onako čistim, pošto smo se umili ledenom vodom pred umivaonicima s ogledalima poređanim u nizove, u pižamama, u krevetima, vreme koje prethodi gašenju svetla pruža istinsku slast. Bez dodira sa spoljnim svetom, sašaptavanja dozvoljena samo miljenicima, prekori upućeni ostalima. Miris sapuna i paste za zube. Ponekad tiho puštena klasična muzika. Pa onda knjige, knjiga.

Sreća u pričama s kojima se svakodnevno susrećemo: *Starac i more* za mene je bila knjiga koja me je navela da pišem. Od "snabdevača", kako se govorilo, od izvesnog gospodina Natirela, kepeca utegnutog u sivu košulju na struk, naručio sam žutu svesku, koju sam ispunio pričama za koje danas mislim da su, zbog scene s napuštenim konjem koga je gazda pretukao (!) vrlo verovatno bile autobiografske!

Kad se svetla pogase, pop krene u obilazak. Zrak svetlosti iz džepne lampe dozvoljava mu da ponekad zatraži da neko ruke stavi ne ispod nego iznad pokrivača; s vremena na vreme, sedne na ivicu nekog kreveta, tik uz telo zgrčenog dečaka koji je zaustavio disanje, i pod snopom svetlosti iz lampe prelistava brevijar; drugi put, šuškanje omota s bombone ili čokolade privuče salezijanca, koji uzme svoj deo i strogo doda: "Lepše je kad se podeli..."

Nastavljajući obilazak, prolazi kraj hrkanja, uzdaha, sanjarija, sna koji neće na oči, šuškanja umornih tela koja se prevrću na krevetima, krckanja opruga na metalnim ležajevima. Filc na papučama klizi po podu. Otvara vrata svoje sobe, zatvara se. Čujem zvuke svakodnevice njegovog teskobnog života, vidim senke njegovih sitnih pokreta. Plačem.

8

Spavaonica ne uživa potpunu egzistencijalnu eksteritorijalnost. Sporije vreme, blaži ritam, mirniji život ponekad ne sprečavaju nagle i neopravdane histerične nastupe salezijanaca i iz zasede uvek vreba neko pakleno iskušenje. Onih nekoliko piona pristiglih iz laičkog sveta nimalo ne zaostaju, nego i sami imaju svoje istančane izopačenosti. Kad u borbi ne preti pogibelj, itd.[1]

Ono što dovodi do izliva nasilja na kraju se pokazuje samo kao izgovor. Zaprepašćeni, u grču, ne shvatamo kako

---

[1] "Kad u borbi ne preti pogibelj, tad pobeda lišena je slave." Kornej, *Sid*, čin II, scena II. – *Prim. prev.*

to reč koju su dvojica na susednim krevetima prošaptali jedan drugom posle gašenja svetla može toliko da razjari popa. On tada može da upali svetla, da viče, dere se, urla, sve poizbacuje iz kreveta, pobaca prekrivače, zakrvavljenih očiju, sve jače mašući rukama, stisnutih vilica, dok mu mišići na obrazima poigravaju, od zlobe i od naređenja koja bljuje, naizmenično. Zimi, iz tako beznačajnih razloga kao što je razgovor u pola glasa, ako se *krivci* ne prijave, cela spavaonica se nađe napolju. Sto dvadesetoro dece u pižamama, po mrkloj noći, dok plava mesečeva svetlost boji naslage snega zaostale u dvorištu. Pop umotan u bundu drži nas da stojimo u mestu dok ne dođe prijava, što se ne dešava.

Ne bi li sačuvao obraz, otac Brijon sve zajedno povede u učionicu i natera sve te usceptale dečake da pišu zadatke, prepisuju redove, u rekordnom vremenu uče pesme napamet, nasumice izabere žrtvu koja će ispaštati i tera je da recituje. Sudbina grupe tada zavisi od žrtvenog jarca. Ako se izabere odgovarajuća osoba, lako je produžiti vreme boravka u učionici u gluvo doba noći, ili skratiti scenu histerije.

Drugom prilikom je pesma crvrčka usred noći ponovo izazvala ludi bes istog popa. Mi smo, kao zatvorenici koji hoće da budu tamničari, u ispažnjene kutije za krede stavljali zrikavce, gundelje i belouške. U nekom verovatno nezgodnom trenutku, cvrčala su mu zatreperila i probudila salezijanca. Isti scenario kao i prethodni put. Samo popov milosnik, zadužen za časove muzičkog, ostao je u krevetu – iz medicinskih razloga, kako je saučesnički tvrdio pomahnitali gonič robova.

Ne sećam se više zbog čega sam i ja jedne večeri bio izabrana žrtva. Verovatno je u pitanju bio izgovor preko kojeg se kanalisao izopačeni libido tih odraslih ljudi zatvorenih zajedno sa sebi sličnima, a koji su u teoriji apstinenti. Neki nadzornik kome je cilj bio da stupi u veliku salezijansku porodicu – koadjutor – poslao me je da donesem piljevinu iz radionice na kraju sirotišta, na samoj ivici polja, nedaleko od groblja.

Odvažan poput kakvog Riđoglavog[1], suočavam se s noćnim šumovima, iznenadnim preletanjem noćnih ptica, olujnim vetrom u krošnjama drveća koje krckaju, lupanjem slabo zatvorenih kapaka, pacova što u begu iskaču iz kanti s đubretom iznetim iz trpezarija. Više od svega plašim se susreta s popom pedofilom – a u ustanovi ih ima trojica-
-četvorica.

Trkom se vrativši iz radionice, usput izgubivši piljevinu koja se razletela u noći, uplašio sam se da ću u spavaonicu stići praznih ruku. Papuča i pižame prekrivenih prašinom od drveta, drhteći od hladnoće, predajem otkup koji je od mene tražen. Popovski šegrt, gledajući me podsmešljivo, uz osmeh kaže: "Dobro, sad nosi to nazad odakle si uzeo." Kad sam se našao napolju, svu preostalu piljevinu bacio sam u kantu za đubre iza trpezarije i neko vreme ostao na betonskom stepeništu, čekajući da prođe dovoljno vremena da bih mogao da se vratim.

Po povratku, pošto mi je oprošten greh koji nisam ni počinio, pošto sam osetio nepravdu koju su mi namerno naneli oni koji su nas u teoriji pozivali da budemo pravedni, te večeri nisam plakao. Stisnuvši zube, zaklevši se da nikad neću zaboraviti, obećao sam sebi da više nikad

---

[1] *Riđoglavi* (1894) roman Žila Renara: "Dete je neophodna životinjka. Mačka je humanija od njega... Ali životinja čije nagone treba pripitomiti i previše često jeste biće koje trpi bol." - *Prim. prev.*

neću zaplakati. Danas me samo patnja ili smrt ljudi koje volim mogu naterati da prolijem suze. Svoj bes čuvam netaknut, bez mržnje, bez osećanja uvređenosti, bez zlobe, ali na raspolaganju i onima koji nemaju mogućnosti da mu pribegnu, pošto su ih nasilnici previše izmoždili.

9

Nema potrebe da čovek bude pravedan, strah sam po sebi nudi jedan jedini način vladanja: "kako bi nam se drugi pokoravali, treba najpre da nas se plaše", misli Francuska pre Maja '68. Fratri salezijanci, isto tako. Otuda i dolazi logika straha, samovolje, neprestanog predviđanja propasti: greh je svuda, čak i tamo gde ga nema. Kazna može pasti s neba, nepravedna, suverena, proizvoljna, hirovita.

Ne bi li održao strah, dobro podmazan sistem pruža mogućnost da se nad glavu svakog *siročeta* nadnese Damoklov mač. Rad i disciplina, to su kazneni odeljci. Svako popuštanje u rezultatima ili trudu, i najmanje izvrdavanje pisanih i nepisanih pravila mogu dovesti do toga da se pokrene proces nadziranja i kažnjavanja: u apsolutnim vrednostima, to znači da svako dobija po jednu ocenu nedeljno iz pomenute dve oblasti.

Sistem raznobojnih bonova – od osnovne bele do katastrofalne žute preko prilično skupe ružičaste - omogućava da vam odbiju dva, četiri ili šest poena od jedne ili druge ocene. Istovremeno, počasni bonovi, zeleni, drugačijeg formata, duži, daju vam po jedan dodatni poen.

Kiša bonova pljušti kod loše profesorke nemačkog na koju smo se istresali. Još je gore prolazila s magnetofonom trakašem, koji joj je takođe odbijao poslušnost. Ista nevolja preti i kod nastavnice engleskog koja nas tera da učimo beskonačne spiskove reči. Tokom tematske nedelje posvećene vinogradarstvu primorava nas da savladamo reči za enologiju, nategaču, degustaciju, vrenje, lastare. Četrdesetak termina koje je trebalo naučiti, provera znanja od dvadeset reči, ispod petnaest, padaš – žuti bon. U nedelji posvećenoj telu, naučimo da kažemo nožne kosti, grana stopala, žučni kanal, dušnik, gušterača, sve to na Šekspirovom jeziku s naglaskom Jasera Arafata... Ni dan-danas ne znam da pitam za neku ulicu kad se nađem u Londonu.

Direktor sirotišta svečano okuplja ceo kolež u čitaonici. Svake nedelje proverava svakoga od nas pojedinačno, objavljuje ocene, pa ih komentariše – uz pohvale ili ribanje... Ko ima manje od prosečne ocene u radu ili disciplini, kažnjava se. Nema gledanja televizije, sledi mu prepisivanje štiva, učenje pesama napamet, pisanje zadataka i odgovarajuće vežbe u zavisnosti od zahteva profesora koji kažnjava, ali i zadržavanje vikendom, odnosno po nekoliko vikenda zaredom. U toj igri nema junaka. Ništa ne može opravdati ugrožavanje mogućnosti izlaska iz tamnice.

10

Disciplina se ne sprovodi zahvaljujući upotrebi bonova. To bi bilo previše jednostavno. Delotvornije je ponekad ako se upotrebi telesno kažnjavanje: snažni udarci nogom u zadnjicu koje vam zadaje pop što iz sve snage zabada cokulu u pozadinu nekoga ko je previše spor, i po cenu da toga potom nekoliko dana boli rep na kičmi; pljuske po potiljku od kojih se uvrću vratovi; grubo stezanje okorelog prestupnika za mišicu i propisno drmusanje uz opasnost da mu se iščaši rame; šamari deljeni pošto se prethodno proveri da li je kamen na prstenu okrenut prema unutra; ti emocionalno nezreli odrasli ljudi ne znaju koliku snagu imaju i ne umeju drugačije da se obrate telu nego na neki surov način.

Ni trpezarija ne sme pružati prilike za uživanje. Tu se jede zato da bi se u telo unela odgovarajuća doza kalorija, a ne radi zadovoljstva. Poslužiteljke iz obližnjeg sela kao da su izišle iz nekog Felinijevog filma. Jedna toliko šepa da se pribojavamo da bi se pri svakom koraku mogla prevrnuti ustranu, druga ima brkove poput portugalskog zidara, treća, utegnuta u plavu najlonsku bluzu, sva kipi od sala. Malo je verovatno da bi salezijanci s njima prekršili zavet čednosti. Onima kojima libido previše radi dovoljno je i neko dete.

Disciplina, uvek, sve vreme, bez prestanka, bez predaha. Nema ni trenutka u kojem se ne oseća miris straha. Ulazak u trpezariju u tišini; ne govori se dok se ne dobije dozvola – ponekad to bude odmah, ponekad kasnije, iz čistog hira; ne bi li ućutkao skup, Otac trpeznik dva puta pljesne rukama; svi namah zamuknu; za jednu prošaptanu reč dobija se žestoka pljuska po potiljku ili šamar; on pucne prstima, i pribor se spušta u probušenu, izglodanu i masnu posudu od bele plastike na stolu; ponovo pucne prstima, i ustaje se; još jednom pucne, u tišini se polazi u čitaonicu.

Jedne večeri neko od nas odbio je da pojede paradajz--čorbu s rezancima. Crveno kao bikova krv i belo kao crvi... Naravno, isti tanjir koristi se tokom celog obeda. Ko ne pojede čorbu, uopšte neće moći da jede. Ta kazna mogla bi biti dovoljna... Pop mu zapoveda da pojede crvenu čorbu, on odbija, ponovo zapovest, ponovo odbijanje: popa tada uhvati bes za kakav nema imena, dohvati dečaka za kosu, baci ga na zemlju, stolica padne, on zaurla i baca ga udarcima nogu u cokulama, od siline udaraca dečko se otkotrlja preko cele trpezarije, zgrčen u smrtnoj tišini. Zaustavi se ispod sudopere, cvileći kao životinja, tiho cičeći. Po podu se razlila njegova krv i ostavila trag kakav ponekad viđam u kasapnici u mom selu posle klanja svinje. Obed se završava a da se više niko ne usudi da otvori usta. Još mi je u glavi tvar od koje je bila sačinjena ta tišina.

11

A zatim, što je bilo teže nego žuti ili ružičasti bonovi, strašnije od udaraca, disciplinski arsenal imao je i zakon ćutanja u vezi s pederastijom. U to vreme niko ne bi uopšte poverovao onome ko bi odraslima, svojim roditeljima, na primer, rekao da ovaj ili onaj sveštenik pipka dečake. Na to bi se mogao očekivati odgovor – ja bih ga prvi očekivao: "Čovek koji je život posvetio Bogu i zavetovao se na čednost ne može tako da se ponaša." Tačno je, ukoliko...

Jedan nas uči ručnom radu. Svi se dive njegovoj okretnosti i sposobnosti: tamo gde mi od silnog pritiskanja lomimo testere, probijamo lemljene spojeve previše vrelim šilom, kalajem punimo sučelno zalemljen šav, umažemo lepkom dva komada drveta ili plamenikom ugljenišemo sliku veverice na pozadini od lema, on sve dovede u red i spase naš trud za dan majki...

Istovremeno, svako od nas plaća to spasavanje jedinstvenim obolom: pod maskom nastavnika, nedvosmislen pokret, staje iza leđa ovoga ili onoga, traži da taj spusti ruku preko njegove kako bi zapamtio pokret, a onda taj trenutak, za koji se trudi da potraje, iskoristi kako bi se protrljao uz leđa i zadnjicu deteta priklještenog uza stolarsku tezgu. Ritam njegovih pokreta odgovara ritmu masturbacije.

Drugi predaje muzičko. Dugajlija, često u društvu Kokoa, vrane koja je bila maskota sirotišta, klati svoju priliku duž one strane zgrade u kojoj drži svoje časove. Kao svojevrsni Profesor Suncokret[1], na stolu drži splet električnih kablova, lemilica, alatki, hartija, planova za sklapanje. Pacovi ili miševi vrte se po kavezu. Čarape po podu, prljavština, smrad.

Sam je od početka do kraja sklopio pravi stereofonski uređaj – zalemio je delove, uglavio priključke, i čak neku konzervu pretvorio u kutiju za pojačalo. Zaplenio je kartone za pakovanje jaja iz kuhinje kako bi napravio izolaciju u muzičkoj sali i tako je pretvorio u privremeni auditorijum. Ogromno drvo na padini preko puta uproleće propušta sunce, ujesen se ispuni bojama, uzimu služi kao legalo za ptice.

U tom zabačenom kutku škole on nam pušta *Pacifik 231* Artura Honegera i priča o osovinama, o bugiju, o parobrodu; uz *Šeherezadu* nas prenosi na Istok, isto tako uz *U stepama centralne Azije*; igra uz *Čarobnjačkog šegrta* Pola Dikasa, drži nam čas iz geografije uz Smetaninu *Vltavu*. Uzvišeni trenuci, baš kao i trenuci posvećeni čitanju. Umetnost mi je dokazivala da, ako je svet živih pakao, u njemu ipak ima i rajeva.

S druge strane, tera nas da učimo da sviramo na flauti, i to dečiju pesmicu *Kraj bistrog izvora*... U takvim trenucima

---

[1] Jedan od glavnih junaka Eržeovog stripa *Tintinove avanture*. – *Prim. prev.*

od onih iz prvog reda traži da se premeste u poslednji. Svi znaju šta to znači. Dok smo mi usredsređeni na partituru i sviranje instrumenta, on ovoga ili onoga pomiluje po glavi, pređe rukom preko nečijeg vrata, ponekad je zavuče u okovratnik i time navede svirača da pogreši, da počne da se davi pod sopstvenom kragnom, prestravljen od tog pipkanja.

Taj isti nas uči da upravljamo kajakom, nedeljom po podne. Prema sasvim zdravoj logici, primaju se samo oni koji su u internatu i umeju da plivaju. Voda Orne je ledena, čista, bistra, prozračna, na dnu se vidi kako podrhtavaju dugačke trave, zelene i smeđe vlasi vikinških vodenih vila, Ondina. Korito reke je široko, dubina velika.

Jedan izuzetak: samo jedan od nas bavi se tim sportom iako ne zna da pliva, pod uslovom da s tim-i-tim popom bude zajedno u čamcu. Kad salezijanac predloži grupi da se trkaju do mosta na Orni, nastane pravi ršum, pošto svaki hoće da stigne prvi do gvozdene građevine. Za to vreme, sveštenik vešto manevriše, sa svojom žrtvom se zavuče u ševar, to je njegovo vreme za seksualnost s detetom koje bez stida, pomalo glupavo, priznaje da hoće "da se malo golica"... One večeri sa zrikavcem, jedino je on bio pošteđen i ostao u krevetu iz medicinskih razloga.

I treći pop voli dečake. U sirotištu zauzima za svoj greh vrlo koristan položaj sveštenika zaduženog za disciplinu – u to vreme se još nije govorilo *obrazovni savetnik*... Sva deca koja budu izbačena znaju da on redovno prolazi hodnicima i da ih vodi sa sobom jer ima moć da poništi telesnu kaznu i da ih zameni drugim kaznama, izabranim na licu mesta. U njegovoj kancelariji niko ne želi da se nađe.

I još dve reči o salezijancu zaduženom za ambulantu u koju niko ne žuri, i to s razlogom: zbog i najmanje glavobolje bolesnik će smesta morati da skine gaćice i da pusti da ga ispipaju. S pantalonama palim preko cipela, ako se bunite i kažete da to nije ono mesto na kojem osećate bol, čujete kako vam kažu da se komplikacije svuda mogu naći! Pipač jaja zatim nemarno izjavi da je vreme da se dečak vrati na čas, i sve cicijaški plati samo kutijom aspirina. Ja sam svoje glavobolje čuvao za sebe...

12

Disciplina, kažnjavanje, dozvoljeno, nedozvoljeno, dobro, zlo, greh, neprestano smo živeli u toj atmosferi. I poslovi se obavljaju u strahu: ako se postigne loš uspeh, ne zato što neko nije radio, nego zato što nije dovoljno pametan, i on dođe pod udar nedeljnog ocenjivanja i bude kažnjen.

Otac tabadžija iz trpezarije predaje i francuski, i to ekstravagantnim metodama. Zimi širom otvara prozore i tera nas da recitujemo pesme, da dišemo duboko, da široko zamahujemo rukama, da između nogu držimo đačke torbe, da se okrećemo u smeru kazaljki na satu, i sve to u učionici u kojoj se nalazi stotinak đaka uobičajene zapremine.

Pošto su ga morile ne znam kakve pedagoške brige – što je verovatno bila posledica '68... – razradio je sistem predavanja koja je snimio na malom kasetofonu sa slušalicama povezanim električnim kablovima s dodatnim priključcima, što je sve sam napravio. Snimci krče, mnogi kablovi su oštećeni i povrh svega, male slušalice su se napunile voskom iz ušiju koje su slušale prethodne časove...

Taj isti štipaljkama za veš o najlonske konopce razvučene kroz učionicu kači slike isečene iz *Hodočasnika* ili *Katoličkog života*. Svako od nas se pribojava kobne mogućnosti da mu bude dat zadatak da improvizuje na osnovu tih klišea. Učenik koji izostane s časa može očekivati grdnju ili pritužbe na svoj račun, ali isto tako može i izazvati strašan napad, a da uopšte ne zna ni kad ni zašto je do njega došlo.

Neki drugi, profesor matematike, iz dana u dan polako gubi sve malje, uključujući i trepavice i obrve. Najpre mu se pojavi ćela velika kao monaška kapica, iz estetskih razloga obojena u boju kestena, pa onda perika koja jednoga dana odleti tokom tuče s nekim učenikom i ostavi glavu tog čoveka golu kao guzica.

Stalno se nakašljavao, ispljuvak zadržavao u istima, žvakao ga kao ostrige, nadimao obraze, a zatim ponovo gutao pljuvačku kao da je dobro vino iz Bordoa. S najveće udaljenosti s koje ga možete čuti u dugačkom hodniku, on već počinje s ispitivanjem: "Pola stranice, prvo pitanje." Sledi pitanje – pa onda dva, pa tri. Za to vreme on pruža korak, traži kratke odgovore, ulazi govoreći: "Skupljam zadatke." I kod njega oni sporiji ponekad mogu da umaknu njegovoj osveti ili da izazovu napade besa, koji ni njemu nisu strani.

13

Prve molitve čitaju se ujutro, našte srca, pola sata; zatim na kraju dana, još pola sata, iza čega sledi večernja beseda, trenutak za lično uzdizanje, komentarisanje aktuelnih događaja, prilika da se pomolimo za veliku zajednicu starih učenika – mora biti da i mene blagosiljaju već trideset godina, molitve se odnose na sve zajedno... – ili čitanje nekog odlomka iz jedine literature koju čitaju oni najintelektualniji salezijanci: *Riders Digest*. Ja tada čitam sve što mi dođe pod ruku, pa i to.

Otac Moal, nesrećni klarinetista, zadužen je za taj večernji zahvat. Dobro mu je poznato da sam ravnodušan i prema pevanju i prema sportu, a da naprotiv čitam koliko god je moguće kad god imamo čuvene zajedničke odmore. Čitao sam Žana Rostana – kome sam u to doba poslao pismo što je ostalo bez odgovora... – i želim da budem biolog, jer sam u to vreme njegovo filozofsko popovanje smatrao za biologiju.

Moje oduševljenje delima starog naučnika iz Vil d'Avreja, izraženo u spiskovima želja predatim nastavnom veću, donelo mi je teret časova iz prirodnih nauka: pišanje u epruvete kako bi se izmerila količina albumina, odsecanje glava žabama zarđalim makazama kako bi se ispitalo neučestvovanje mozga u refleksima, mazanje kiselinom uzvrpoljene zadnjice neke sirotice...

Taj pop ne voli "inteligente", kako kaže... Tokom jedne od večernjih beseda, pred svim mojim drugovima, pročitao je odlomak iz onog groznog časopisa i upitao me za ime pisca rečenice koju je upravo naveo. Srećom, bio sam pročitao taj odlomak neko vreme pre toga i mogao sam da odgovorim – bio je to Tejar de Šarden i neki tekst o partenogenezi (iz vodozemaca, mada ne s ponosom, popovi umeju da ekstrapoliraju čak i Bogorodicu!) Stručnjak za ljubav prema bližnjem se nije upuštao u pojedinosti – šamar je promašio cilj.

Drugi put su nam nekog starog učenika predstavili kao primer blistavog uspeha: postao je prodavac automobila, seo za volan najnovijeg modela blistavog, kao kanarinac žutog renoa 15, i dobio čast da održi večernju besedu u kojoj je slavio vrline sirotišta, popova, svog obrazovanja, itd. U isto vreme škola je organizovala putovanje u Englesku; on je ponudio putovanje na poklon nekom od nas ko ne bi mogao ići zbog siromaštva roditelja, pod uslovom da to *zaslužuje*.

Nismo znali koji su kriterijumi te zaslužnosti, ali smo videli koji je učenik dobio poklon. To nisu bila ni moja četiri druga u nesreći ni ja, koji smo ostali sami u sirotištu dok su ostali autobusom išli na svoje putovanje. Pošto salezijanci nisu bili predvideli da će ta šačica društvenog otpada ostati na dnu kazana, zaboravili su čak i da predvide obed za to veče...

14

Nedeljom u sirotištu stega neprimetno popušta. Zatišje u nasilju... Malo više blagosti, pažnje, vreme je sporije, ali i duže. Red i dalje vlada, razume se, ali je primetnija i baršunasta rukavica na gvozdenoj ruci. Taj osećaj da vreme protiče slobodnije počinje subotom, pred kraj popodneva posvećenog veronauci. Dolaze porodice, neprekidan niz kola, surovih dečijih pogleda upućenih tuđim roditeljima. Dečiji pogled? Džungla u džungli.

Automobili se sve teže kreću po dvorištu. Prilikom prvog izlaska osetio sam divljačnost hordi koje pokreće mozak gmizavca. Moj desetogodišnji oklop ne može se meriti s telom adolescenata uvežbane tehnike koji autobus zauzimaju na prepad. Sećam se kako se moj kovčeg ljuljuškao iznad tuđih glava i da sam sebi rekao da više nikad neću putovati stojeći. I tuge što sam svoje sićušno telo morao da bacim u smrdljivu i mišićavu masu štićenika. Uvek putujem sedeći.

Na dan polaska, kad gledate kako drugi odlaze, dođe vam da zaurlate, zatim da zacvilite poput ranjene životinjice. Regresivna želja da se zavučete u neki ćošak, da se sklupčate, da zauzmete položaj fetusa i da čučeći u svojoj mokraći i izmetu čekate hipotetički kraj sveta koji će okončati tu moru. Osećam se kao šugavo pseto što ze zavuklo u svoju kućicu.

Verovatno znajući šta za siroče znači kad gleda kako odlazi šačica njegovih bližnjih – ipak, manje siročadi nego što je ono... – naši učitelji kao da olabavljuju pritisak. To je udobnost pružena u štenari, ponižavajuća pažnja. Menta i grenadin u bocama čine vodu prijatnijom; nedeljom, žuta ili narandžasta soda; projekcije *Tintina* na staklenim pločama uz izveštačene komentare salezijanca na dužnosti koji tekst čita s kartona pod svetlošću džepne lampe. Te priče o Tintinu na mesecu toliko su glupave da se čoveku plače. U grlu su mi se zaglavili jecaji kojih sam se nagutao za vjeki vjekov.

Nedeljom ujutro misa. Iz kapele uvek izlazim s čvrstim ubeđenjem da ni na trenutak neću da poverujem u te budalaštine. Nisu popovi od mene napravili nevernika, ja to već jesam; naprotiv, kao ateista od rođenja, u predstavi koju su mi priredili nalazim materijal da se učvrstim u uverenju da oni egzistencijalno greše. Sažaljenje deteta prema odraslim a nezrelim ljudima.

Kad se nađem u svom rodnom selu, parohijskom popu moram da odnesem na potpis papir kojim potvrđuje da sam odlazio na bogosluženje. Vrlo brzo naučim da podražavam potpis i da pušim očev svetli žitan pod limenim krovom perionice na dva koraka odatle. Ponekad čitam, čučeći na drvetu koje se nadnosi nad rekom. Zvona mi javljaju kada treba da se vratim kući...

Posle prvog izlaska, odlazim s mlađim bratom da skupljamo kestenje, i kad zazvoni za večernje, iz mene provale suze. Imam utisak da sam suvišan i da bi mi bolje bilo da se nisam ni rodio. Osećam da je sve lažno i odjednom počinjem da izgaram u nekoj crnoj vatri koja će me pretvoriti u prah i pepeo i ostaviti samo trag zadaha smrti.

Kraj nedeljnog doručka obeležava početak odbrojavanja do povratka u ponor. (Sećam se da mi je jednom majka prebacila da je nedeljni ručak za mene već plaćen u internatu...) Sati počinju da se survavaju. Sutrašnjica već parazitira na svakom trenutku; stvarnost nedelje već trune od pomisli na ponedeljak; sadašnji trenutak sagoreva predviđajući pakao koji će doći. Ja sam samo živa rana koja se svakim sekundom sve više rascvetava.

Ponedeljak ujutro obojen u mutnjikavo žuto električne sijalice u jedinoj sobi u kojoj živimo moji roditelji, moj brat i ja – sedamnaest kvadratnih metara, i još jedna ista takva soba na spratu. Koliko povrataka u sirotište? Ne znam više. Četiri godine, četiri beskonačne zime, četiri puta po dve stotine pedeset dana leda i jeda, hiljadu dana uz raspadnuti leš mog detinjstva. U četrnaestoj godini imao sam hiljadu godina – i celu večnost za sobom.

15

Bobet i Koko, kuja i vrana, uginule su; isto tako i siroti Ferdinan; otac Moal takođe, sahranjen u pesku na nekoj plaži na obali La Manša; nastavnik ručnog rada napustio je salezijanski red, čuo sam da se oženio i zasnovao porodicu, i dobro je učinio; o pedofilima nemam vesti – o melomanu, o svešteniku zaduženom za disciplinu – bolničar leži pod zemljom na školskom groblju; jedan od nastavnika sporta postao mi je drug; njegova žena, koja mi je davala makaze da bih u laboratoriji žabama mogao da odsecam glave, takođe ne propušta nijedno od mojih predavanja na Narodnom univerzitetu u Kanu; pop tabadžija je u penziji, u lošem stanju, kako mi kažu; salezijanac s glavom ćelavom kao zadnjica izlazi bez perike; razgovarali smo jednom ili dvaput, veruje da imam fantastičnu maštu, ali je tačnije da on ima kratko pamćenje, što je patologija za koju nema leka.

Ni na koga nisam kivan. Pre će biti da sažaljevam sve one marionete na pozornici prevelikoj za njihove male sudbine. Ubogi đavoli, žrtve koje su postale dželati kako bi pokušali da ne veruju u to da su samo igračke *fatuma*. Sirotište je, znam to, ubilo neke koji se od njega nikad nisu istinski oporavili, skrhalo ih, samlelo, uništilo. Napravilo je ono i poslušne zupčanike u mašineriji društva, dobre supruge, dobre očeve, dobre radnike, dobre građane, verovatno i dobre vernike.

Ja sam jednoga dana zajedno s majkom u kancelariji Socijalne pomoći, kuda sam je otpratio da se raspita o identitetu svoje majke, otkrio da je kad i ona, ostavljen i njen brat, koji je, opet, bio smešten u... Žijel. Dužnost mi je, pošto znam sve što znam, da doprinesem spokoju nespokojne duše svoje majke. Postajemo zaista odrasli kad onima koji su na nas puštali pse ne znajući šta rade pokažemo gest pomirenja, neophodan da bi naš život otišao dalje od resantimana – previše skupog zbog silnog rasipanja energije. Velikodušnost je vrlina odraslog čoveka.

Kako ne bih umro od ljudi i njihove negativnosti, za mene su tu bile knjige, pa onda muzika, na kraju slikarstvo, a pre svega filozofija. Pisanje je bilo kruna svega. Trideset knjiga kasnije, imam utisak da moram da saberem svoje reči. Ovaj predgovor daje ključ, stranice koje slede potiču iz svih mojih dela koja su svako za sebe proistekla iz poduhvata preživljavanja koji izvodim još od sirotišta. Smireno, bez mržnje, ne znajući za prezir, daleko od bilo kakve želje za osvetom, imun na bilo kakvu zlobu, upoznat sa strašnom moći tužnih strasti, želim samo da se gaji i širi "moć postojanja" – prema Spinozinom srećnom izrazu, poput dijamanta ugrađenog u njegovu Etiku. Samo umetnost stvorena na osnovu te "moći postojanja" leči od prošlih, sadašnjih i budućih patnji.

1.novembra 2005.

PRVI DEO
ALTERNATIVNA METODA

I

POBOČNI TOK FILOZOFIJE

1

Vladajuća istoriografija. Magijska misao oblikuje klasičnu istoriografiju filozofije. Začudo, apostoli čistog uma i transcendentalne dedukcije nalaze zajednički jezik u mitologiji koju stvaraju i zatim svesrdno reprodukuju kroz predavanja, sastavljanje članaka, ispovedanje, pisanje, objavljivanje basni koje od silnog ponavljanja postaju istine i jevanđelske reči. Krađa, prikriveno citiranje, prežvakavanje tuđeg pojmovnog čorbuljaka i druge korporacijske radosti su vodilje sveta urednika enciklopedija, osmišljivača rečnika i drugih autora istorije filozofije i priručnika za završne razrede.

Poređenjem proizvoda te oblasti dolazi se do zaprepašćujućeg ujednačavanja: iste odrednice, isti tekstovi istih autora, isti sadržaji u biografskim beleškama u priručnicima, ponekad čak ista ikonografija... Enciklopedije se veoma često prave prekrajanjem beležaka o delu koje urednik nastoji da prevaziđe a koje autor, plaćen na sat, sklepa na brzinu i samo aktualizuje bibliografiju u koju ne propušta da ubaci izvestan broj uputnica na svoja dela i na članke od poverenja. Od knjige do knjige reprodukuju se mitovi koji se nikako, ni jedan jedini put ne dovode u sumnju.

Među tim basnama koje su postale izvesnosti dostojne divljenja nalazi se i sledeća ideja: filozofija se rađa u Grčkoj u VII veku pre Hrista, s osobama koje nazivaju predsokratovci. Već sama ta rečenica sadrži najmanje tri greške: mesto, datum i ime. Naime, mnogo pre tog datuma misli se u Sumeru, Asiriji, Vaviloniji, Egiptu, Indiji, Kini i među drugim varvarima s grčkog stanovišta. Što se tiče predsokratovaca, to je savršeno upotrebljiv pojam, ostava u koju se sve može odložiti, vrlo koristan za izbegavanje dubljeg proučavanja.

Šta odista kaže sama ta reč? U stvari, izgleda da ona obeležava određeno vreme pre Sokrata. Uzmimo datum njegovog rođenja: oko 496. godine. Ili datum smrti, 399. godine. Ili čak datum kad je na vrhuncu: oko 350. godine. Po logici, *predsokratovskim* se može nazvati neki događaj – pad Talesa u bunar – knjiga – Empedoklova poema *O prirodi* – filozof – Heraklit, Parmenid, Demokrit – misao – abderićanski atomizam – pojam – Parmenidovo Jedno – koji prethode tim datumima. U najgorem slučaju, ako računamo široko, ništa od onoga što je usledilo posle smrti Platonovog učitelja ne bi smelo biti nazvano predsokratovskim...

Kako onda shvatiti uključivanje Demokrita u tu konstelaciju u kojoj nekoliko vekova naporedo postoje apsolutni materijalisti i potpuni idealisti, atomisti i spiritualisti, zagovornici mita i zastupnici razuma, geografi i matematičari, Milećani i Jonjani, između mnogih drugih grana? Štaviše: ko može da objasni kako to filozof iz Abdere može biti predsokratovac čiji je sačuvani korpus najobimniji, kad znamo da procene dopuštaju da su njih dvojica rođeni u skoro isto vreme i da je on Sokrata nadživeo tri decenije? Pa otkud onda ta ozbiljna greška, koju je Žan-Pol Dimon utvrdio ali je nije ispravio u izdanju koje je priredio za Plejadu?

Druga basna: filozofija je rođena bela, evropska. Očigledno, pristati na to da vodi poreklo od varvara, priznati da ta magijska genealogija ima nekakvu genealogiju pretpostavlja volju da se za viteze zarede i žuti, i crni, i melezi. Nema ničega previše belačkog kod onih rasista Grka što ni demokratiju ne ljube previše – još jedno opšte mesto: da su Grci izumitelji demokratije! Oni, koji slave čistu lozu kao jedino što može ozakoniti bilo kakvo učešće čoveka u životu grada. Žene, Meteci, to jest, tu nastanjeni stranci, belci koji nisu rodom iz čiste rase, isključeni su iz te čuvene demokratije -svedene samo na grad Atinu.

Logos pada s neba, grčko čudo... A šta je s Pitagorinim putovanjima u Egipat i znanjima i mudrostima koje je tamo otkrio? Šta s pohodima samog Demokrita u Persiju, kod Indijaca, Etiopljana i Egipćana? Šta sa susretima s haldejskim astronomima, persijskim magovima, indijskim gimnosofistima, bilo u njihovim zemljama, bilo kad bi oni prolazili kroz Grčku? Grčka bela čistota zanemaruje mešanje ljudi i ideja! Kosmopolitska nečistota s varvarima u presudnoj ulozi? Ni ne pomišljajmo na to...

U carstvu zvanične filozofije, basne odnose pobedu. Proizvodi vladajuće filozofije ne dovode se u pitanje. Kako bi se to i moglo, kad istoriografija nikad nije bila predavana u okviru korpusa filozofskih proučavanja? Toj konstrukciji nigde se ne posvećuje vreme: ne može se filozofirati o glačanju istorije filozofije. Čemu to uklanjanje neravnina i ta obaveza da se različito ubaci u oblike koji mogu poslužiti da se vitalnost različitih misli prinudi na službu samo jednom velikom nabaždarenom toku?

Ne izgleda umesno uvoditi epistemologiju ove discipline, ali nam pogled na marksističko-lenjinističku istoriju filozofije izmamljuje osmeh – baš kao i sličan projekat koji potpisuje neki hrišćanski autor. Zašto bi istoriografija koja se predaje u institucijama bila neutralna? U ime čega se to i ona ne bi pokoravala ideološkim očekivanjima? Pre svega onima koje proizvodi civilizacija još pre dve hiljade godina obeležena hrišćanskom vizijom sveta. Ne možemo trgovati epistemom naše kulture kad stvaramo istoriju bilo koje discipline.

Istoriografija se zasniva na dve hiljade godina, sa svesnim i odlučnim učesnicima, ili ne, s dobronamernim prepisivačima i arhivarima, ili ne, s neočekivanim obrtima u istoriji – papirne podloge, požari, prirodne katastrofe, krhkost podloge, nepouzdanost sredstava za očuvanje, dobra ili zla volja učesnika, lične inicijative i ideološke odluke države, mešanje krivotvoritelja, učešće nestručnjaka, itd. Sve to doprinosi stvaranju prvobitnog korpusa tesanog tako da se dovede u red.

Ko piše istoriju filozofije? Prema kojim načelima? S kakvim ciljevima? Da bi dokazao, šta? Čemu? S kojeg gledišta? Kada počinje praksa Istorije, Enciklopedije, Leksikona, Priručnika? Ko izdaje, distribuira, prenosi? Gde? Za koju publiku, koje čitaoce? Kad nam takvo delo dođe u ruke, cela vojska manje-više dobronamernih, manje-više obdarenih, poštenih i inteligentnih ljudi stoji u senci, iza naših leđa...

2

Platonovsko a priori. U dve reči, recimo sasvim jasno: vladajuća istoriografija proističe iz platonovskog *a priori* načela prema kojem je ono što potiče od čula u stvari fikcija. Jedino je stvarnost vidljiva. Alegorija pećine u klasičnom obrazovanju filozofa deluje kao manifest: istina Ideja, prevashodnost Inteligibilnog, lepota Pojma, a nasuprot tome, ružnoća čulnog sveta, odbijanje materijalnosti sveta, preziranje opipljive i imanentne stvarnosti. Kako bi se istakla takva vizija sveta nema ničega boljeg od toga da se iz ukupne istorije filozofije izdvoji ono što naizgled priprema, ilustruje i sledi ta *a priori* postavljena načela.

Kad Vajthed u dosetki upućenoj Gifordu za vreme nekog predavanja tvrdi da se filozofska tradicija u Evropi sastoji od niza beležaka dodavanih uz Platonov tekst, u stvari ne greši... Tako, sve što postoji izvan tog odnosa prema grčkom filozofu ostaje zaboravljeno, zapostavljeno, omalovaženo, bespoštedno odbačeno. Time što se tekst ne prevodi, time što se ne radi na njegovom izdavanju, time što se korpus ostavlja rasut po polju antičke književnosti, izbegavaju se univerzitetski radovi, teze, publikacije, članci, zabranjuje se, dakle, predavanje i širenje tih ideja, koje su, međutim, značajne.

Po hristovskom načelu, piše se istorija filozofije koja treba da slavi religiju Ideje i Idealizma. Sokrat je kao mesija usmrćen zato što je bio otelovljenje filozofskog otkrivenja inteligibilnosti, Platon kao apostol, odnosno sveti Pavle odan cilju inteligibilnosti: idealistička filozofija je religija koja se otkrila zapadnom Umu. Od tog trenutka počinje računanje vremena u odnosu na Sokrata: pre njega, posle njega, predsokratovski, poslesokratovski. Istoriografija čak utvrđuje nazive *niži sokratovci* kad se govori o Antistenu, kiniku, i Aristipu, kirenaičaru, od kojih je svaki tvorac autonomnog senzibiliteta, ili *ostali sokratovci*, kako ih zovu, pre svega Simiju i Kebeta, dvojicu... pitagorejaca!

Na temu dominacije idealizma u klasičnoj istoriografiji u istoriji postoje brojne varijacije. Tako hrišćanstvo, kad je postalo zvanična religija i filozofija, odbacuje sve što smeta njegovom rodoslovu – abderićanski materijalizam, Leukipov i Demokritov atomizam, Epikura i kasna grčka i rimska epikurejstva, kinički nominalizam, kirenaičarski hedonizam, perspektivizam i relativizam sofista – i povlašćuje ono što što može da prođe kao propedeutika za novu religiju: tu pitagorejski i platonovski dualizam, nematerijalna duša, reinkarnacija, preziranje tela, mržnja porema životu, sklonost asketskom idealu, spasenje ili prokletstvo posle smrti savršeno odgovaraju.

Kasnije hrišćanstvo s neprikrivenom srećom gleda na procvat duha i tona srednjovekovne sholastike koja ponovo doživljava slavu u velikim časovima nemačkog idealizma koji počinju od Kanta a uveličava ih Hegel, o kome nikad ne možemo dovoljno reći koliko je zla naneo na polju istoriografije onim spomenikom filozofske nadmenosti, samozadovoljstva, uobraženosti i nacionalizma koji predstavlja njegova *Istorija filozofije* – uzor savremenim zastupnicima neke *philosophia perennis, ali bele, idealističke, evropske...*

Da ponovimo: vladajuća istoriografija je idealistička; ona se može podeliti na tri etape: platonovsko razdoblje, hrišćansko razdoblje i nemački idealizam. U administrativnom jeziku zvaničnih programa za liceje: Platon, Dekart i Kant, *Država* i njena pećina s Idejama, *Rasprava o metodi* i njena supstancija uma, pa onda *Kritika čistog uma* sa svojim fenomenima, naravno, ali pre svega s noumenima, germanskom reinkarnacijom Platonove Ideje. I tako se može prodavati zabluda o različitosti i uz nju krijumčariti jedan te isti svet pod različitim nazivima...

3

Protivistorija filozofije. Ne bi li bio sagrađen taj lepi vrt s čistim stazama i lepo potkresanim žbunjem, treba mnogo seći, glačati, tesati. Isticanje ovog ili onog autora, ove misli pre nego neke druge, naglašavanje jedne struje, priprema cele mašinerije koja će pomoći da pobedi njena teza, primoravaju na to da se u podrume bacaju imena, teze, knjige, pojmovi... Iznošenje na videlo na jednom mestu pretpostavlja ostavljanje u tami na nekom drugom: ipak, u tim skladištima ostalo je mnogo neupotrebljenog materijala. Predmet mog kursa na Narodnom univerzitetu u Kanu – videti *Filozofsku zajednicu* – predlaže da se na svetlo dana iznese ta alternativna istoriografija.

Istoriografija je, dakle, zaboravljala, u najboljem slučaju zapostavljala; prećutkivala, svesno ili nesvesno; ponekad i organizovala to sklanjanje u stranu; zahvaljujući predrasudama, ne dolazi do povremenog preispitivanja: nismo stekli naviku da na kinike gledamo kao na filozofe, uostalom, i Hegel piše crno na belo: o njima postoje samo anegdote... Sofisti? Sve do nedavnih rehabilitacija, na njih se gledalo Platonovim okom: plaćenici filozofije za koje istina ne postoji i u čijim očima je važno samo ono što postigne uspeh! Sve pogoduje tome da izbegnemo da vidimo modernost te relativističke, perspektivističke, nominalističke, jednom rečju – antiplatonovske misli!

Delatnici tradicionalne istoriografije ostvaruju Platonov neverovatni san: činjenice se nalaze kod Diogena Laertija – *Život i mišljenja znamenitih filozofa* (IX, 40) – i po meni je čudno što se o toj istoriji nikad ne govori *filozofski*. Platon je zaista čeznuo za velikom lomačom na koju bi bacio sve Demokritove knjige! Značajan broj dela, njihov uspeh, preveliko prisustvo njegovih tekstova naveli su dvojicu pitagorejaca – Amiklasa i Kliniju – da odvrate Platona od takvog nedela. Filozof – izumitelj modernog autodafea...

Od tog trenutka shvatamo da se u svim Platonovim delima Demokrit ne pominje ni na jednom mestu! Taj zaborav ravan je pojmovnom autodafeu: naime, važnost njegovog dela, a još i više njegovog učenja, mogla je Platonove maštarije dovesti u teškoće, odnosno do pogibelji, pa je time zahtevala i jasno i otvoreno, pošteno, intelektualno objašnjenje. Platonovsko zauzimanje za antimaterijalističko stanovište ispoljava se još za života filozofa: logika vladajuće klasične istoriografije ponavlja tu sklonost: ne dolazi u obzir da se pridaje bilo kakva važnost toj drugoj filozofiji, razumnoj, racionalnoj, antimitološkoj i proverljivoj već samo zdravim razumom – koji filozofima toliko često nedostaje...

Kleveta na račun tog dela opstaje: ataraksija koja definiše zadovoljstvo, odnosno odsustvo nemira koje se postiže mudrim i umerenim korišćenjem nužnih prirodnih želja, postaje trivijalna pohota životinje što se prepušta najsirovijem uživanju. Atomizam, koji svet svodi na kombinaciju atoma u praznom prostoru, smatra se za nesposobnost da se raspolaže inteligencijom dostojnom tog imena. Primanje robova, žena, stranaca u Vrt iznelo ga je na glas kao grabljivca koji hoće da privuče plen za svoju razuzdanu seksualnost, itd. I dvadeset vekova mišljenja preuzima te klevete i u njima ne menja ni slovca.

U samoj Antici, protivistorija filozofije deluje kao nešto što je lako ostvarljivo: ona bi okupila sve Platonove nerpijatelje! Ili bezmalo sve... Leukip, osnivač atomizma, zatim Demokrit, pa Antisten, Diogen i drugi kinici, Protagora, Antifon i šačica sofista, Aristip iz Kirene i kirenaičari, Epikur i njegovi – dobar svet. Kasnije, kao protivtežu hrišćanskoj fikciji sagrađenoj na konceptualnom liku zvanom Isus, crkvenim ocima koji su se brinuli da obezbede ideološki materijal za hristijanizaciju Carstva, srednjovekovnim sholastičarima, iz senke u kojoj čuče možemo izvući slobodoumne gnostike – Karpokrata, Epifana, Simeona, Valentina... – a za njima i braću i sestre Slobodnog duha – Bentivenga iz Gubija, Hajlvige Blemardina, braću iz Brina i druge iluminate... Mnoštvo neznanih ljudi sa svojim teorijskim panteizmom i praktičnim filozofskim orgijama koji su ipak mnogo uzbudljiviji od monaha pustinjaka, skrušenih opata i drugih manastirskih kenobita...

Ista napomena važi i za konstelaciju hrišćanskog epikurejstva – koje je u petnaestom veku uveo Lorenco Vala – jedna *De Voluptate*, koja četiri veka nije prevedena na francuski, sve dok joj nekoliko prijatelja za koje sam se ja pobrinuo da im na nju skrenem pažnju nije pružilo zadovoljenje (ilustrovao ju je Pjer Gasendi) preko Erazma, Montenja i još nekih – francuskih baroknih libertena – Pjera Šarona, La Mot Le Vajea, Sen-Evremona, Sirana de Beržeraka... – francuskih materijalista – opata Melijea, La Metrija, Helvecijusa, Holbaha... – anglosaksonskih utilitarista – Bentama, Stjuarta Mila – ideologista zainteresovanih za psihologiju - Kabanisa – epikurejskih transcendentalista – Emersona, Toroa – dekonstruktivističkih genealogičara – Paul Re, Lu Salome, Žan-Mari Gijan; socijalista-libertarijanaca, levih ničeovaca – Deleza, Fukoa – i tolikih drugih učenika zadovoljstva, materije, puti, tela, života, sreće, radosti, krivi po isto toliko tačaka!

Šta se zamera tom svetu? To što želi sreću na zemlji, sada i ovde, a ne kasnije, hipotetično, na drugom, nedostižnom svetu koji je zamišljen kao dečija bajka... Imanencija je neprijatelj, prostačka reč! Epikurejci svoj nadimak "prasci" duguju činjenici da ih određuje njihov fiziološki izgled: njihovo postojanje proizvodi njihovu suštinu. Pošto nisu mogli da postupaju drugačije nego kao *prijatelji zemlje* – da upotrebimo srećan izraz iz Platonovog *Timaja*... – ti materijalisti su sami sebe osudili na to da riju njuškom a da uopšte i ne znaju da iznad njihovih glava postoji Nebo puno Ideja. Svinja nikad neće saznati istinu, pošto do nje vodi samo transcendencija, a epikurejci ontološki ostaju u najpotpunijoj imanenciji. Ali, ne postoji ništa osim ovoga: stvarnosti, materije, života, živog bića. Platonizam je svemu tome objavio rat i nastavlja da proganja sve što slavi nagon za životom.

Šta je zajedničko celoj toj konstelaciji nesvodljivih mislilaca i njihovih mišljenja? Izvanredna briga da se dekonstruišu mitovi i basne kako bi ovaj svet postao podnošljiv i poželjan. Da se bogovi i strahovi, bojazni i egzistencijalne strepnje svedu na materijalne uzročnoposledične lance; da se pripitomi smrt, uz pomoć aktivne terapije sada i ovde, bez pozivanja ljudi da još za života umru kako bi kad kucne čas umeli bolje da odu; da se osmisle rešenja uz pomoć stvarnog sveta i ljudi; da se radije opredeljujemo za skromne i ostvarljive filozofske predloge nego za uzvišene ali neupotrebljive pojmovne konstrukcije; da se odbije da se od bola i patnje prave putevi koji vode ličnom spoznanju i iskupljenju; da se sebi za cilj postavi zadovoljstvo, sreća, zajednička korist, ugovor radovanja; da se čovek pomiri sa svojim telom i da nema za cilj mržnju prema njemu; da kroti strasti i nagone, želje i emocije, a ne da ih brutalno ih čupa iz sebe. Šta je cilj Epikurovog projekta? Čisto zadovoljstvo postojanja... Uvek aktuelan projekat.

II

TELESNI RAZUM

1

Autobiografski roman. Druge silnice prolaze kroz istoriju filozofije. Drugi parovi govore o ulogu i učinku discipline. Idealizam, materijalizam, svakako, asketski ideal, hedonistički ideal, da, transcendencija, imanencija, naravno, ali isto tako mržnja prema ja i pisanju o ja. S jedne strane, filozofi čiji tekstovi kao da ne ostavljaju nikakvog mesta za autobiografsko poveravanje, za detalj pozajmljen iz ličnog iskustva, za događaj izvučen iz sopstvene pustolovine; s druge, oni koji se oslanjaju na lični život, njime hrane svoja razmišljanja i čak priznaju da odatle izvlače pouke. Glasnik koji izbegava sopstvenu ličnost kako bi uverljivije delovao kao posrednik koga nadahnjuje misao došla s drugog mesta, višeg i daljeg nego što je on, sišla s neba; ili egotista koji priča o svom životu, sebe ubacuje u pripovedanje i uči da svaka misao potiče od njega lično, tačnije, od njegovog tela.

Međutim, ovaj rascep potiče od fikcije, jer svi filozofi bez izuzetka misle polazeći od ličnog iskustva. To razdvajanje otkriva drugačiju logiku: s jedne strane, oni koji se skrivaju i stvaraju iluziju o epifaniji razuma u sebi, i protiv svoje volje; s druge, ovaj ili onaj koji je jasno pripisuje sebi. Klasična i tradicionalna istoriografija očigledno drži do onih lažno skromnih i do veštih prikrivača. Ona voli gordu smernost jednog Paskala koji, znamo, tvrdi da je *Ja dostojno mržnje*, ali kad se zanese, koristi sedam stotina pedeset i tri puta reč ja u onoj kupusari od *Misli*.

Ja za učitelja smatram Montenja. Deo uspeha njegovih *Eseja* potiče od odabira koji doprinosi uspešnosti knjige: buđenje uz zvuke spineta, posluga koja priča latinski, veština njegovog oca na konju, lična nespretnost u manualnim, telesnim i sportskim vežbama, uživanje u ostrigama i vinu klaretu, strast prema ženama, *ogromna rana* na njegovom malom polnom organu, ukus ženskih poljubaca koji mu ostavlja miris na brkovima, njegova mačka, rani seksualni neuspesi, pad s konja, nevolje s razbojnicima koje je sreo u šumi ili kod kuće, susret s prijateljem, tuga posle njegove smrti i mnogi drugi trenuci korisni ne samo kao anegdota. U svakom slučaju, za filozofa njihova zanimljivost ne leži u pričama, nego u tome što one predstavljaju početak nečega: važne su zbog filozofske uloge koju imaju. Naime, egzistencijalno je to koje daje teoriju koja omogućuje povratak egzistencijalnom.

Tako, pošavši od tih priča – koje predstavljaju sredstva mišljenja i nisu same sebi cilj – Montenj raspravlja o: ulozi obrazovanja u građenju identiteta; udelu nasleđa u ličnoj evoluciji; značajnoj ulozi tela u filozofiji; razmišljanju o identitetu, biću, ontološkoj neizvesnosti pred drugim; o udelu životinjskog u čoveku; o značaju stoičke odlučnosti, pouzdanosti i postojanosti; o mogućnosti življenja na epikurejski način; o drugim životnim poukama koje mogu poslužiti u građenju sebe, njihovom autoru, svakako, ali i čitaocu uvučenom u prijateljsko saučesništvo.

Deo francuske filozofije govori u prvom licu. Adrijen Baje, prvi Dekartov biograf, saopštava nam kako čuvena *Rasprava o metodi* umalo nije nazvana *Povest mog života*. To što neko polazi od sebe ne obavezuje ga da tu i ostane, niti da zbog toga oseća nekakvo potencijalno grešno zadovoljstvo. Između odbacivanja Ja i mahnitog egotizma ima mesta za Ja koje će imati poseban status: biće prilika da se shvati svet kako bi se dokučilo nekoliko njegovih tajni. Filozofska introspekcija – Dekartova opklada na *cogito* – pruža određeno polazište. Svaka ontologija pretpostavlja neku fiziologiju koja joj prethodi.

2

Egzistencijalni hapaks. U životu filozofa telo, dakle, igra važnu ulogu. Sve što je vezano za to pitanje može se naći u *Veseloj nauci* koju je napisao Niče koji dobro zna o čemu govori, on koji je znao samo za migrenu, zapaljenja oka, mučnine, povraćanja i druge nizove raznih boleština. On postavlja osnove filozofskog čitanja dostojnog tog imena tvrdeći da se svaka filozofija svodi na ispovesti jednog tela, na autobiografiju bića koje pati. Mišljenje, dakle, proističe iz uzajamnog dejstva između subjektivne puti koja govori *ja* i sveta koji je sadrži. Ono ne silazi s neba, poput Svetog duha što pušta plamene jezike na izabrane, nego se penje iz tela, niče iz puti i izvire iz utrobe. Ono što u telu filozofira, dakle, nije ništa drugo do snage i slabosti, moći i nemoći, zdravlja i bolesti, velika igra telesnih strasti. Na drugom mestu Niče govori o telu koje je uvek *golemi razum*.

Nedostaje disciplina koja bi omogućila čitanje i dešifrovanje filozofskih tekstova. Ne neka nova semiologija, tekstologija, nauka o jeziku, nego egzistencijalna psihoanaliza koju je Sartr ostavio na cedilu – na teorijskom cedilu u *Biću i ništavilu*, na eksperimentalnom cedilu u tri toma *Porodičnog idiota*. Jer, filozofija se ne može shvatiti na platonovski način, kroz meditiranje o velikom pojmovima, samo na maglovitom polju čistog duha, nego na materijalnom terenu telesnih, istorijskih, egzistencijalnih i psihoanalitičkih uloga, između ostalog...

Začudo, istorija filozofije prepuna je pojedinosti pomoću kojih bi se taj plan mogao sprovesti u delo. Međutim, ne bi li se do toga došlo, treba odustati od odbacivanja biografije kako bi se potvrdila mogućnost da se shvati unutrašnjost dela zajedno s njegovim marginama, ivicama i spoljašnjim obodima. Ne kažem da je pojedinost dovoljna, da anegdota sve sažima i da ono suštinsko treba da se izgubi pred onim sporednim, nego da shvatanje prirode dela dolazi tek nakon što shvatimo mehanizme koji ga stvaraju.

Za ekvivalent izvornom projektu u sartrovskoj logici smatram ono što sam u *Umetnosti dana* nazvao egzistencijalni hapaks[1], nešto poput kairosa svakog filozofskog

---

[1] Egzistencijalni hapaks je događaj koji se desi jednom u životu pojedinca iz kojeg naglo i nužno dolazi do prekretnice u životu i mišljenju. Reč hapaks je neologizam koji je skovao Džon Trap 1654 (*Beleške o Starom i Novom zavetu*), od grčkog ἅπαξ (λεγόμενον), (rečeno) samo jednom. Dugo je ovaj termin označavao reči ili izraze koje prevodioci nisu mogli tačno da prevedu pošto se uopšte nisu javljali u literaturi. Hapaks u lingvistici i leksikologiji označava jezičku formu koja je potvrđena samo u jednom izvoru. Onfre stvara pojam egzistencijalni hapaks i navodi kao primer čuveni Montenjev pad s konja, kada on u šoku koji je taj događaj izazvao odjednom shvata koliko je krhka materijalnost njegovog bića, jedinstvo duše i tela i koliko su slučajne činjenice

poduhvata. U muzici je to grčki haos anahrusisa pre nego što počnu istančane modulacije. U tačno određenom trenutku filozofovog života, na određenom mestu, u tačan sat, dešava se nešto – ono ne znam šta Benita Fejhooa – što razrešava protivrečnosti i napetosti prethodno nagomilavane u telu. Put beleži taj potres, fiziologija ga pokazuje: znojenje, plakanje, jecanje, drhtanje, padanje u nesvest, ukidanje vremena, fizička iznemoglost, životno oslobađanje. Posle te paganske mistike praćene transom u koji pada telo, filozof na prikupljenom materijalu izvodi niz velikih varijacija. Genealogija na delu.

Primeri? Ima ih obilje... Kad god su se filozofi makar malo poveravali, kad prepiska svedoči, kad biografija beleži taj događaj, u njihovom životu ćemo skoro uvek naći tu vrstu loma. I to ne u vreme kad je njihovo veliko delo napisano i kad je ono najvažnije u njihovom radu već za njima, ne, nego na početku, ranije, genealoški. Ta munja kroz koju se ispoljava sudbina uznemiruje, rije, probada, mlavi, ubija i stimuliše.

Ne nameravajući da budem iscrpan – što bi od mene verovatno zahtevalo da napišem celu enciklopediju... – evo nekoliko važnih trenutaka: Avgustin je najslavniji... Neka-

---

od kojih se sastoji ljudski život. Onfre podseća i na slučaj filozofa Žila Lekijea, koji je kao dete spustio ruku u grm i tako oterao ptičicu, koja je poletela pravo u kandže grabljivice koja je u taj mah tuda preletala. Taj događaj je toliko preplašio Lekijea da ga je proganjao i naveo da se celog života bavi pitanjima čovekove nužnosti i slobode. *U Portretu filozofa kao libertena*, poreklo La Metrijeve hedonističke materijalističke misli, koje vezuje za 1742. godinu i za trenutak kada je La Metri lekar u francuskoj gardi vojvode od Gramona u vreme rata u Flandriji. Na bojnom polju, La Metri zaključuje da "kada je telo slabo, nema misli". Avgustin se preobratio kada je u vrtu otvorio Sveto pismo na nekoj posebno upečatljivoj stranici. – *Prim. prev.*

dašnji bekrija i veseljak, budući Crkveni otac, doktor katoličke dogme nalazi se duboko u vrtu, u Milanu, kad ga snađe blagodat – suze, potoci suza, krici od kojih se kida duša, glas koji dolazi s drugog mesta – što su sve motivi iz *Ispovesti* – za čime, naravno, usledi preobraćenje u katoličanstvo; Montenj i njegov pad s konja 1568, posle čega smišlja svoju epikurejsku teoriju smrti; Dekart i njegova tri sna jedne novembarske noći 1619, koja dovode do nastanka racionalizma (!); Paskal i njegova čuvena Noć s Podsetnikom[1] između dvadset i dva časa i trideset i ponoći, 23. novembra 1654 – i tu suze... La Metri i nesvestica koja mu na bojnom polju kraj Frajburga 1742. daje pouku o telesnom monizmu; Ruso u oktobru 1749, na putu za Vensan, kuda je pošao da poseti zatočenog Didroa, pada na zemlju i zatim u grču otkriva temu svoje *Besede o poreklu nejednakosti među ljudima*; Niče u avgustu 1881. na obalama jezera Silvaplana, gde ima viziju večnog povratka i Nadčoveka; Žil Lekije u svom vrtu u detinjstvu kad vidi kako grabljivica hvata pticu i tako počinje da naslućuje odnose između slobode i nužnosti, što je predmet celog njegovog dela, među kojima i *Potrage za prvobitnom istinom*; i toliki drugi...

---

[1] Dana 23. novembra 1654. godine Paskal je doživeo nesreću na mostu. Njegove kočije su pale preko ivice, ali su se srećom tu i zadržale. Paskal i njegovi prijatelji su se izvukli nepovređeni. Međutim, Paskal se toliko prepao da je pao u nesvest, tokom koje je imao viziju. To iskustvo zabeležio je na papiru kao podsetnik, a zapis je glasio: "Vatra. Bože Avramov, Bože Isakov, Bože Jakovljev, ne filozofov i učenjakov..." i završava se citatom iz Psalma 119:16: "Ne zaboravljam reči tvoje. Amin." Taj podsetnik je uvek nosio ušiven u postavi kaputa. - *Prim. prev.*

3

Dešifrovanje jedne egodikeje. Povodom neke slične noći kod Pola Valerija, u *Želji da se bude vulkan* govorio sam o *sindromu Ustezanja*. A to znači? Telo filozofa je čudnovate prirode: izuzetno, krajnje osetljivo, krhko i jako u isti mah, moćno i slabo, precizan mehanizam kadar da izvanredno dobro radi ali mu je upravo zbog preciznosti mehanika osetljiva i na najmanji poremećaj. Telo umetnika je telo s velikim mogućnostima nijansiranja, predodređeno za *spoznanje ponora* – kako je to srećno izrazio Mišo.

Njegova materija prikuplja značajne energije koje čak mogu pritisnuti, podrediti, slomiti nadvoje neko biće. To su ontološke sile, napetosti, čvorovi koji neprestano iznutra nagrizaju tu mašinu, koja nije samo mašina koja želi, nego je i mašina-jezgro – u svakom smislu reči. Detinjstvo, ali, pre njega i nesvesna preistorija, primaju informacije kao električne naboje koji stupaju u međusobne sukobe. Razrešenje tog sukoba pretpostavlja egzistencijalni hapaks: trenutak koji obeležava povoljan i srećan izlazak iz onoga što bi u protivnom verovatno razorilo biće.

Frojdovska psihoanaliza i njeni razni izdanci usredsređena je na autonomni psihički mehanizam koji je suviše malo povezan s materijalnošću istorije. Vreme, porodica, mesto, sredina, obrazovanje, susreti, psihologija, sve to predstavlja materijale jednako važne za psihičko nesvesno. Smatram da je nesvesno vitalističko, energično, materijalističko, istorijsko. Shvatanje neke filozofije ne može se, dakle, ostvariti na strukturalistički i formalan, platonovski način, kao da tekst lebdi u eteru, između dve metafizičke vode, bez korena, van odnosa prema stvarnom i konkretnom svetu. Metoda čitanja mora se dakle valjano potruditi kako bi mogla osvetliti zupčanike tog mehanizma *egodikeje*.

Ovaj termin pozajmljujem od Žaka Deride, koji je u svojoj knjizi *Zadavati smrt* skovao taj neologizam kako bi označio, po uzoru na Lajbnicovu *teodikeju*, da svaki filozofski diskurs potiče od nekog opravdanja sebe. Filozof se brine o svom biću, uspostavlja ga, strukturiše, učvršćuje, i zatim predlaže autoterapiju u vidu uopštene soteriologije[1]. Filozofirati znači učiniti ostvarljivim i nastanjivim sopstveno postojanje tamo gde ništa nije dato i sve tek treba da se izgradi. Napaćenog, slabog i bolešljivog tela, Epikur gradi misao koja mu omogućava da živi dobro, da živi bolje. U isti mah, svima predlaže novu mogućnost postojanja.

Filozofska tradicija odbija da od razuma napravi malo verovatan cvet na tom telesnom đubrištu; ona odbacuje materijalnost sudbina i mehaniku, istina složenu, ali ipak mehaniku bića; smatra da su sve druge aktivnosti heterogene njenoj disciplini, a kamoli one trivijalne aktivnosti koje se brinu o materijalnoj strani sveta; ostaje platonovska i žrtvuje ih zarad fantazma misli bez mozga, refleksije bez tela, meditiranja bez neurona, filozofije bez puti, sišle pravo s neba kako bi se obratila jedinom delu čoveka koji izmiče razumu, a to je duša...

Protiv sartrovske egzistencijalne psihoanalize, strukturalizam sedamdesetih godina bljuvao je poslednju vatru te metodološke astenije; protiv materijalizma tela, fenomenologija puti još dodaje teologiju i sholastiku i diže još veću maglu između stvarnosti i svesti koju o njoj možemo imati; protiv izvanrednog jačanja naučne misli – između

---

[1] Deo teologije koji se odnosi na spasenje i iskupljenje kroz Hrista. – *Prim. prev.*

ostalog, neurobiologije – spiritualizam stvara nove sledbenike. Filozofija egzistencijalnog tela nikad nije bila toliko neophodna kao danas.

III

FILOZOFSKI ŽIVOT

1

Perspektiva mudrosti. Idealistička tradicija u filozofiji ispoljava se na odgovarajućim mestima. Platon uvodi pedagošku šizofreniju kroz jedno ezoterično besedništvo, namenjeno kasti izabranih, a drugo egzoterično, koje nudi mnoštvu. To je aristokratsko bavljenje filozofijom. Akademija dakle propoveda obrazovanje naizgled namenjeno svima: ništa ne ukazuje na postojanje zabrane pristupa na Platonova predavanja. Njegova pisana sabrana dela, na koja ga mi svodimo, potiču samo s tih vidljivih, spoljašnjih predavanja.

Ali, postojala su i tajna predavanja za izabrane učenike, probrane među najboljima egzoterijskog soja. On je tu verovatno, posle godina priprema kroz najvišu matematiku, poučavao prvim načelima, poslednjim uzrocima, osnovama genealogije. Od tog trenutka u istoriji ideja jasno se ukazuje jaz između filozofije za mnoštvo i filozofije za elitu.

I tu kao antidot platonovskoj filozofskoj praksi Epikur i njegovi postupaju drugačije: Vrt je otvoren za sve, bez obzira na godine, pol, društveni položaj, kulturu, poreklo, bez namere da se pravi nekakva elita koja će zauzeti značajna mesta u društvu – odnosno, da se reprodukuje društveni sistem... Platonovsko usmerenje je teorijsko i elitističko; epikurejsko namerenje praktično i egzistencijalno. Istorija filozofije globalno se uobličava na te dve sklonosti: kabinetskoj teorijskoj praksi i egzistencijalnom učestvovanju u svakodnevnom životu.

Otuda i odgovarajuća mesta: Platon predaje na povučenom, skrovitom, zatvorenom mestu, među sebi sličnima koji su se istakli iz mnoštva i koji će vladati više drugima nego sobom. Kako onda ne pomisliti na načelo elitističkih škola čija se društvena uloga sastoji u tome da društvu obezbeđuju najbolje članove koji će obezbediti opstanak sistema koji ih regrutuje i imenuje? Od tajne Akademije do velikih škola Francuske republike ukazuje se jasna linija srodstva. A tome treba dodati i univerzitet, koji postaje ideološki sve tolerantniji pošto je njegova moć nikakva – videli smo ga na delu i kad je njegova moć bila bezgranična...

Pjer Ado uči da sva antička filozofija deluje prema istom načelu: težnji ka filozofskom životu. Bojim se da bi tu zavodljivu ali klimavu hipotezu trebalo nijansirati kad govorimo o ovom ili onom predsokratovcu – Heraklitu ili Empedoklu, na primer... – Platonu i njegovima – a šta je onda s *Timajem*? – ili Aristotelu iz *Fizike* ili *Metafizike*... Očigledno, stoicizam, epikurejstvo, kinizam ili kirenaizam pretpostvljaju egzistencijalne prakse, njihove filozofije uostalom tome i vode. S druge strane, teorijsko ne vodi nužno u eudajmonizam[1] kod svakog antičkog filozofa.

---

[1] Etika zasnovana na Aristotelovom pojmu eudajmonije, odnosno ljudskog procvata. – *Prim. prev.*

Antički prelom vidljiv u rascepu *otvorena agora* / tajna škola opstaje i s ozvaničenjem hrišćanstva koje potpuno diskredituje egzistencijalnu filozofiju. Crkveni oci pozivaju se na *istinsku filozofiju* – taj izraz nalazi se u gotovo svim njihovim besedama... Na načelu dvorskog intelektualca, filozofa na vlasti, Euzebije iz Cezareje, prijatelj panegiričara Konstantina, uvodi određenost u taj pojam: filozof ulaže svu svoju sposobnost poimanja, moć rezonovanja, talenat za refleksiju u službu cilja koji opravdava i legitimiše dogovor s istorijom, arhivom, istinom.

Od tada se stvara dug niz mislilaca, manje ili više revnosnih, koji staju iza vlasti i uništavaju svaku mogućnost da se slobodno misli i piše. Filozofski život? Svršen. Dovoljno je slediti nauk svetog Pavla i bićete filozof. Sva mudrost antike, pošto je paganska, grešna je, svako alternativno hrišćanstvo, pre svega gnostičko, predstavlja jeres, svaka autonomna misao u stvari je zabranjena. Agora? Forum? Vrt? Gotovo je s tim... Crkva sve okuplja i podređuje ih episkopalnim – što znači, carskim zapovestima.

Egzistencijalna praksa opstaje. Začudo, epikurejska zajednica bi lako mogla uz malo teorijskog prosvetljenja – na načelima hrišćanskih epikurejaca, Vale, Erazma, Gasendija i drugih – pokazati istrajnost egzistencijalne filozofske prakse: teorija ima za cilj određenu praksu, ideje se otelovljuju. Biti hrišćanin ne znači zadovoljiti se paradiranjem nego živeti tako, ugledajući se na svakodnevni život i dela Hristova. Po svom načelu, Benediktova kenobitska zajednica, na primer, ne bi začudila zajednicu atinskih učenika iz Epikurovog Vrta.

Hrišćanstvo, dakle, ubija egzistencijalni način filozofiranja i disciplinu prebacuje na stranu argumentacije, rasprave, kontroverze o najsitnijim pojedinostima doktrine: od tog trenutka teologija ubija filozofiju. Ili barem nastoji da učini to nedelo. Od Irineja Lionskog i njegovog *Pobijanja jeretika*, do Tome Akvinskog i njegovog dela *Summa Theologiae*, filozofija postaje sluškinja za proste zadatke. Bog, eto šta je od tada jedini mogući predmet svake misli. I tako se na barem deset vekova spušta mrak na Zapad...

Deo tradicionalne, klasične, idealističke filozofije i dan-danas reprodukuje svoje sholastičke sheme: beskonačne rasprave o polu anđela, sofisterija za sofisterijom, retorički efekti *ad nauseam*, aktivno proizvođenje verbalne magle, religija neologizma, onanističke i autističke prakse i drugi čudnovati simptomi. Filozofu koji se bavi tom disciplinom preti šizofrenija, to je tačno, ali u samoći radne sobe, poput Rembrantovog filozofa pod stepeništem: može da živi i dela i suprotno svom učenju... Eto, od tada dolazi carstvo profesora filozofije, *Sokrat činovnik*, da upotrebim jednu srećno nađenu formulaciju. Veliki korporacijski budža? Hegel, sam za sebe sinteza svih poroka te profesije!

Ipak, egzistencijalna tradicija u filozofiji opstaje. Grčki i rimski duh traju kod Montenja, na primer, ali i kod Šopenhauera, Ničea ili Kjerkegora: *Ogledi*, *Svet kao volja i predstava*, *Tako je govorio Zaratustra* ili *Ponavljanje* mogu da proizvedu posledice po stvarno, konkretno postojanje – baš kao i Epikurova *Poslanica Menekeju*. Ali ne i *Fenomenologija duha*... Antički duh danas nudi još jednu priliku za izlazak iz ćorsokaka u kojem previše često ostaje teoretska filozofija – preovlađujuća na univerzitetu i na zvaničnim mestima filozofije. Ja se zalažem za reaktiviranje duha antičke egzistencijalne filozofije.

Šta je filozofov dokaz? Njegov život. Delo napisano bez filozofskog života koji ga prati ne zaslužuje ni trenutak pažnje. Mudrost se meri pojedinostima: onim što kaže i što ne kaže, što radi i što ne radi, što misli i što ne misli. Svedimo dakle šizofreni rascep koji je postulirao Prust svojom teorijom dve reči: ona u stvari omogućava da radikalno odvojimo filozofa koji piše *Biće i vreme* i čoveka koji je sve vreme nacizma pripadao nacističkoj partiji. Od tada, veliki filozof može biti nacista, i nacista veliki filozof, bez ikakvih teškoća: ja koje piše obimnu raspravu o fenomenološkoj ontologiji nema nikakve veze s onim koje podržava i odobrava politiku istrebljenja! Naravno, to što ćemo utvrditi kakav je Hajdegerov politički angažman nije dovoljno da bismo sebi zabranili da ga čitamo, kritikujemo, komentarišemo i cenimo. Ali, treba izbegavati dvostruku opasnost: praviti se kao da stvarnost ne postoji ili videti samo nju... Tekst "Za Sent-Beva"[1] zaslužuje dobro obavešteno pero...

Filozof je filozof dvadeset i četiri časa dnevno, uključujući i beleške za perionicu, da se pozovemo na uobičajeni argument... Platon to jeste kad u *Filebu* piše protiv hedonizma, ali isto tako i kad prodavac asketskog ideala umire za vreme gozbe; dok piše *Parmenida*, a isto tako i u svojoj želji da spali Demokritova dela; kad osniva Akademiju, i kao čovek koji je u prošlosti bio dramski autor i borac; on je to kad objavljuje *Državu* i *Zakone*, ali i kao dvorjanin kod Dionizija iz Sirakuze; itd. I jedan i drugi, jedan jeste onaj drugi.

---

[1] „Za Sent-Beva" – članak koji je Moris Blanšo objavio u *Žurnal de Deba* marta 1942. godine. – *Prim. prev.*

Otuda potreba za prisnim odnosom između teorije i prakse, refleksije i života, mišljenja i delanja. Biografija filozofa ne može se svesti samo na komentarisanje objavljenih dela, nego obuhvata i prirodu veze između njegovih spisa i njegovog ponašanja. Više nego bilo ko drugi, filozof je obavezan da povezuje te dve toliko često suprotstavljene strane. Život hrani delo, koje, opet, hrani život: Montenj je to prvi otkrio i pokazao, svestan je da pravi knjigu i da je utoliko izuzetnija po tome što i ona izgrađuje nas.

2

Pragmatički utilitarizam. Filozofska scena? Ne škola, ne univerzitet, ni neko zatvoreno mesto, nego otvorena pozornica sveta i svakodnevnog života. U ovom drugom rodoslovu, pojam, ideja, teorija nemaju položaj istovetan onome kojim raspolažu kod idealista. U egzistencijalnoj logici nema religije reči: reč služi razmeni, komunikaciji, izražavanju, a ne razdvajanju. Teorija predlaže određenu praksu, njen cilj jeste određena praksa. Van toga, ona nema razloga da postoji. U nominalističkoj logici, reči imaju utilitarnu vrednost i nisu ništa drugo do praktična oruđa. Nema religije reči...

Ja se zauzimam za utilitarističku i pragmatičku filozofiju, a ne za njenu sestru neprijateljicu – idealističku i konceptualnu. Samo ona prva omogućava projekat postojanja. Ali, pre nego što nastavimo s njom, najpre treba da dekontaminiramo ta dva pojma, jer su u klasičnoj tradiciji utilitarizam i pragmatizam dvosmisleni, kao što se često dešava u suprotnim tokovima filozofije: tako je i s pojmovima materijalistički, senzualistički, kinički, epikurejski, sofistički, skeptički, svim tim terminima koji u rečniku imaju filozofsko, ali i trivijalno određenje. Začudo, prvo protivreči onom drugom, tako da jedno deluje kao lek protiv onog drugog...

Tako je s rečju *materijalista*: za filozofa, to je mislilac koji tvrdi da se svet može svesti na čisto delovanje materije; ali takođe, za običnog smrtnika, osoba opsednuta gomilanjem dobara i bogatstava; isto je i s rečju *cinik*: učenik Diogena iz Sinope, dakle, privrženik askeze u svemu i čovek istančane moralne ispravnosti, ali isto tako i prostak kome ništa nije sveto; ili *epikurejac*, što označava Epikurovog učenika, fanatika skromnog života i asketizma, a u isti mah grubijan, prostak i razvratnik; sofista zastupa metodološki perspektivizam, a istovremeno za najveći broj ljudi znači osobu koja obožava zakukuljena mozganja kojima želi da postigne uspeh uz pomoć bilo kakvog sredstva; i mogli bismo nastaviti unedogled.

Utilitarista, filozofi to znaju, potiče neposredno od Džeremija Bentama, značajnog mislioca, i Džona Stjuarta Mila, za koje načelo koristi, to jest *najveće sreće za najveći broj ljudi*, postaje ključna tačka filozofije etike. *Deontologija* (1834) onoga prvog i *Utilitarizam* (1838) ovoga drugog postavljaju temelje te misli, koja je snažna, ali su je zagovornici idealističke tradicije potpuno gurnuli u zapećak. Kod Anglosaksonaca nema maglovite misli, filozofija je jasna, precizna, čitka, lišena bilo kakvog metafizičkog a priori, a pre svega, što po kasti činovnika predstavlja smrtni greh, čak poseduje mudrost da proizvede uticaj na svakodnevni život, na ono stvarno i obično.

Za čoveka s ulice, utilitarizam je reč koja žigoše ponašanje osobe koja je koristoljubiva u odnosima prema drugom, nije kadra da bude velikodušna niti zahvalna. Smatra se da su politika, misao, ekonomija za koje se tako nešto kaže egoistične, da ne brinu o čoveku i da ih zanimaju samo konkretni i neposredni rezultati. Tu se pridružuje i malo cinizma i makijavelizma: utilitarizam želi i usmeren je na ono što pruža korist koja zvecka, materijalnu i opipljivu, neposrednu i trivijalnu. Međutim, sve to zajedno očigledno se nalazi na antipodima misli Bentama i Mila. Jer, šta se u drugom slučaju dešava s najvećom srećom za najveći broj ljudi tamo gde postoji samo sitno neposredno zadovoljstvo za jednog jedinog?

Ista primedba važi i za pragmatizam. Filozofski, ta struja nudi izglede spoznaje i racionalnog cilja. Drugim rečima: taj novi pozitivizam predlaže teoriju istine odbacujući idealistički apsolut u korist epistemološke relativnosti. Kad Pirs 1878. godine stvara reč i stvar u članku pod naslovom *Kako naše ideje učiniti jasnim?* on postavlja osnove autentične filozofije imanencije. To nema nikakve veze s nesposobnošću da se stvari sagledavaju samo s praktičnog stanovišta, ili s ishodom na koji se unapred računalo...

Pragmatički utilitarizam koji ja predlažem upućuje na filozofski konsekvencijalizam: nema apsolutnih istina, nema dobra, zla, istinitog, lepog, pravednog po sebi, nego samo u odnosu na jasan i razgovetan plan. Dobro je ono što iz sopstvene prespektive – u ovom slučaju hedonizam – omogućava napredovanje u pravcu plana kroz postizanje rezultata koji će nas obradovati. Ta ideja postoji već kod Bentama: misliti u funkciji delanja i osmišljavati ga u zavisnosti od njegovih posledica.

3

Hedonistički sistem. Ukratko: ja, dakle, zastupam protivistoriju filozofije alternativne vladajućoj idealističkoj istoriografiji; telesni um i autobiografski roman koji ga prati u čisto imanentnoj logici, u ovom slučaju materijalističkoj; filozofiju shvaćenu kao egodikeju koju treba graditi i dešifrovati; filozofski život kao epifaniju razuma; egzistencijalno stanovište koje smera utilitarizmu i pragmatizmu. Sve to sabira se u jednoj žiži – hedonizmu. Često ističem sledeću Šamforovu maksimu, pošto ona funkcioniše kao hedonistički kategorički imperativ: *uživaj i pružaj uživanje, ne naneseći zlo ni sebi ni bilo kome, to je sav moral.* Tu je sve rečeno: uživanje našeg ja, naravno, ali takođe i pre svega uživanje drugog, jer bez njega nikakva etika nije moguća ili zamisliva pošto je samo položaj drugog definiše kao takvu. Nema druge – kao kod Markiza de Sada, nema morala... Gustina ove Šamforove maksime na konsekvencijalističkom terenu pretpostavlja bezbroj razvoja.

Najpre želim da tom terminu dam dostojanstvo koje mu nedostaje. Prihvatanje mog filozofskog predloga već skoro petnaest godina stvara teškoće savršeno slične onima s kojima su se susretali zastupnici antičkog hedonizma: odbijanje da se smireno razmotre pojedinosti onoga što je rečeno u ime histerične uzbune koju stvara sama reč zadovoljstvo. Svako se tada suočava sa sobom i svojim uživanjem, a zatim drugome, putem običnog transfera, prenosi svoju predstavu o zadovoljstvu.

Tako sam često bio prinuđen da se suočavam s diskursima koji poistovećuju hedonizam i fašizam, hedonizam i nacizam, hedonizam i amoralizam, uz podozrevanje, s obzirom na moje priznato ničeovstvo, moje potajne opčinjenosti totalitarnim, diktatorskim i drugim režimima! Uživati a ne pružati uživanje, eto kako se ta filozofska teorija može povezati s najgorom degeneracijom svake filozofije; ali uživati i pružati uživanje: šta je s tim i kod zastupnika tog preteranog, ali toliko čestog iskliznuća?

Bilo je, naravno, i onog jednostavnijeg: hedonizam poistovećen s prostačkim, trivijalnim uživanjem u savremenom liberalnom potrošačkom mentalitetu. Raskošna gastronomija – kad je moja prva knjiga, *Filozofski trbuh*, povod nesporazuma, pružila priliku za ironičan pristup, ali teško ironičaru! tim pitanjima tela filozofa, telesnog uma – videti *Gurmanski um* – filozofskog senzualizma, egzistencijalne psihobiologije, filozofskog života, alternativne istoriografije – već kod Diogena – itd.

Ne bi li portret hedoniste kao Epikurovog prasca bio savršen, *Teorija ljubavnog tela* upotpunila je sliku: tamo gde sam predložio modalitete solarne erotike, videli su priručnik za postmoderno nabacivanje, panegirik ženskarošu, brevijar raspusništva po uzoru na Don Žuana! Kad platonovskoj teoriji želje kao nedostatka suprotstavljam demokritovsku logiku viška koji preti da se izlije; kad predlažem libertarijanski feminizam koji slavi ženu nasuprot jevrejsko-hrišćanskom kultu device, ili supruge i majke; kad branim stalno obnovljiv ugovor uzajamnog poštovanja umesto braka; kad hvalim zasluge metafizike sterilnosti nasuprot obavezi reprodukovanja, postajem oličenje libertena – naravno, u trivijalnom značenju...

Zadovoljstvo parališe: i reč, i postupci, i stvarnost, i govor o njemu. Ili parališe, ili izaziva histeriju. Previše je privatnih ličnih uloga, previše otuđenih, napaćenih, ojađenih i jadnih prisnosti, previše skrivenih neuspeha, previše je teško biti, živeti – uživati. Otuda odbacivanje ove reči: neblagonaklone, agresivne, zlonamerne kritike; ili naprosto izbegavanje. Snishodljivost, omalovažavanje, potcenjivanje, prezir, svako je sredstvo dobro ako njime izbegavamo temu.

Istrajavam u svom teorijskom i egzistencijalnom šancu: hedonizam, uprkos nesporazumima, jeste ime za onu viziju sveta koju predlažem kroz već bezmalo trideset knjiga. To je čitanje stvarnosti, naravno – videti tomove *Hedonističkog dnevnika* – ali i predlog kako da se s njom živi. Naime, ja isto tako branim i jedno izgubljeno shvatanje filozofskog modusa: totalizujuću misao, sistem. U stvari, branim jaku, čvrstu, strukturisanu, koherentnu misao i trudim se da ispitam ukupnost mogućih znanja. Hedonizam pruža temu, a moja različita dela varijacije. Tako sam predložio jednu etiku – *Vajanje sebe* – erotiku – *Teoriju ljubavnog tela* – politiku – *Politiku buntovnika* – estetiku – *Arheologiju sadašnjice* – epistemologiju – *Anatomske čarolije* – metafiziku – *Ateološku raspravu*. I otuda: *estetski moral, solarna erotika, libertarijanska politika, kinička estetika, tehnofilska bioetika i postmoderni ateizam*, što je uslov za mogućnost celine.

DRUGI DEO
ETIKA PO IZBORU

I

ATEOLOŠKI MORAL

1

Jevrejsko-hišćanska epistema. Većina ljudi viče da je naše vreme ateističko, ali se varaju: ono je nihilističko, otvoreno nihilističko. Kakva je razlika? Evropski nihilizam – koji je Niče tako dobro dijagnostikovao... – pretpostavlja kraj jednog univerzuma i teškoću pred dolaskom drugog. Prelazno razdoblje, pometnja u identitetu između dve vizije sveta: jevrejsko-hrišćanske i druge, još neimenovane, nazovimo je za sada posthrišćanska – pošto nemamo neki prikladniji epitet, nećemo se prevariti. Samo vreme i napredovanje veka omogućiće nam da joj nađemo ime. Dakle, nihilizam.

Nema vrednosti, ili ih nema više. Nema vrlina. Sposobnost jasnog razlikovanja etičkih i metafizičkih okvira: sve izgleda lepo i dobro, čak i samo zlo, sve se može lepo reći, čak i ono ružno, stvarno izgleda manje istinito od virtualnog, fikcija zamenjuje stvarnost, istorija i pamćenje više nisu uzori u svetu odanom sadašnjem trenutku, otrgnutom od prošlosti i bez veza prema budućnosti. Nihilizam je određenje epohe u kojoj nema nikakve kartografije: kompasi nedostaju, a planovi da se napusti šuma u kojoj smo se izgubili čak se i ne naziru.

Nihilizam se širi između dve civilizacije. Tako je bilo s kasnim Rimskim carstvom koje istovremeno doživljava kraj jedne episteme – paganske i grčko-rimske – i prva vremena nove episteme – hrišćanske – koja još nije jasno definisana. Epikurejstvo ide naporedo s gnosticizmom, carski stoicizam kohabitira s milenarizmima i apokaliptičkom mišlju došlom s Istoka, stari filozofski racionalizam živi poslednje časove i deli epohu s iracionalnim svakojakih pravaca – hermetizma, misticizma, astrologije, alhemije. Više niko ne zna, recimo to tako, kojem svecu da se moli...

Sličnosti s tom epohom takozvane *dekadencije* – to je pojam koji treba pažljivo koristiti: on je savremenik prvih razdoblja čovečanstva i prati svaku epohu, od Hesioda do Osvalda Špenglera... – ne nedostaju. Danas se treba pomiriti s novim predstavama sveta, neviđenim shemama, uznemirujućim prespektivama: s ontološkim i metafizičkim kosmopolitizmom, planetarnom ekološkom pogibelji, brutalnom liberalnom ekonomskom mondijalizacijom, dominacijom tržišta koja se oslanja na poricanje dostojanstva i čovečnosti najvećeg broja ljudi. Od prvog koraka na Mesecu u julu 1969, koji je omogućio da se Zemlja vidi s tog hladnog nebeskog tela, znamo da je kosmos samo modalitet lokalnog...

Šta je danas ostalo od judeohrišćanstva u svakodnevnom životu? Nameće nam se popis zatečenog stanja. Naime, nesklonost obavljanju nedeljnih i svakodnevnih verskih obreda, reformističke novotarije Drugog vatikanskog sabora, omalovažavanje Papine besede o seksualnom moralu, samo su površinski znakovi: dehristijanizacija je samo prividna i formalna. Većina, agnostici ili neodređeni ateisti, nevernici od prilike do prilike ili vernici iz navike, i dalje prinose žrtve na oltar religioznih krštenja svojih roditelja, crkvenih venčanja (da se učini porodici!) i sahrana svojih bližnjih – i sopstvenih... – uz blagoslov koji im na hrišćanskim mestima pruža odgovarajući personal.

Ono što izgleda kao uzmicanje hrišćanstva samo je iluzija. Utoliko izopačenija pošto površina ostavlja utisak duboke promene, a pod sasvim tankim javno vidljivim slojem opstaju logike koje već skoro dvadeset vekova prožimaju osnove funkcionisanja evropskog društva. Smrt Boga? To je samo lukavstvo jevrejsko-hrišćanskog uma: nevidljivi leš je fikcija, ono što čini Boga daleko je od smrti i još se vrlo dobro drži, a to je: sklonost iracionalnom kao odgovoru na tragiku stvarnog – drugim rečima: to što jednoga dana moramo umreti – i pred njim otvara ceo bulevar...

Uzmimo primer laiciteta: istina je da je njegova formulacija, overena 1905. godine, predstavljala značajan napredak u kontekstu nepodeljene vladavine klerikalne moći u svim oblastima društva. Međutim, ako ne dodamo i nove bitke, pa čak i nove pobede, to će nas na kraju dovesti do ustajalosti, pa onda i zastarelosti, pre nego što stvori ukus prevaziđenog – užeglog, neprovetrenog, bajatog, koji se danas toliko često povezuje s idejom laiciteta. Izgleda nam kao da mu je istekao rok upotrebe zato što nismo stvorili dinamičan, evolutivan, dijalektičan, jednom rečju, postmoderan laicitet.

Recimo to jasno: stari model laiciteta vrlo često se sastoji od neokantovskim rečnikom sastavljenih jevrejsko-hrišćanskih deset zapovesti i morala jevanđelja. Radije nego da se pozivamo na Stari i Novi zavet kojima mašu teolozi kad govore o moralu – ili o politici, ali to je isto...

– volimo da kao crne husare republike isturimo gimnazijske profesore koji, ne nužno shvatajući sve to, na kursevima o moralu predaju *Religiju unutar granica čistog uma*, zatim *Metafiziku morala* i *Kritiku praktičnog uma* destilovane u aforizme moralizatorskog morala.

I pored različitih rečnika, drugačijih formula i formulacija, aktera koji veruju da su međusobni protivnici, uvek je postojala veća sklonost ka istim vrednostima: poštovanju oca i matere, odanosti otadžbini, ustupanju drugome ključnog mesta – ljubav prema bližnjem ili bratstvo – zasnivanju heteroseksualne porodice, poštovanju starih, ljubavi prema svom poslu, opredeljivanje za vrline dobrote – milosrđe ili solidarnost, sažaljenje ili praštanje, milostinju ili uzajamnu pomoć, dobročinstvo ili pravičnost... – a ne za zlost, itd. Taj rad na označiteljima ima svojih zasluga, ali sad je reč o tome da se isto to uradi i s označenicima.

I mogli bismo nastaviti pokazujući koliko osnova laičke francuske pravne misli ostaje jevrejsko-hrišćanska – što je greška namerno počinjena i slobodno izabrana sa slobodom izbora bez obaziranja na nužnosti, otkuda potiče verovanje u ličnu odgovornost koja tako opravdava kažnjavanje, dakle, iskupljenje – izopačen je to pakleni krug... Isto je i s bioetikom, koja danas deluje oslanjajući se na fantazme potekle od judeohrišćanstva: pohvala *spasonosnoj* – što je neologizam potekao od Vatikana – moći bola, smrt stoji u vezi sa smrtnim grehom, bolest potiče od neznanih puteva Proviđenja, itd. Isto je i s pedagoškim sistemom, svetom estetike, i na svim drugim mestima: epistema svih tih sadržatelja naše civilizacije gradi se na biblijskim načelima.

Metafizički protivnik manje se nalazi u Vatikanu – operetskoj državi, vlasti kao iz stripa... – nego u svesti ljudi, odnosno u njihovom nesvesnom. I to pojedinačno, naravno, ali i kolektivno, kroz zajednicu. Ne držim mnogo do arhetipa jungovske vrste, nego u tome vidim iracionalna predanja svojstvena društvima koja ubrizgavaju, ne nužno shvatajući šta rade, jevrejsko-hrišćansku supstancu u telo identiteta pojedinca i grupe. Ova epistema zaslužuje da je upoznamo, analiziramo, raščlanimo i prevaziđemo.

2

Nužna dehristijanizacija. Kako bismo nastavili prema logici Prosvetiteljstva XVIII veka – koje je vredno manje arheološki nego kao transistorijski model – pokušajmo da proizvedemo stvarni posthrišćanski laicitet koji će se od sad manje brinuti o tome kako da izvede revoluciju u rečniku, jeziku, slovu, a više u suštini. Nova civilizacija ne može stvoriti vrednosti a da pri tom ne iskoristi svoje pravo da napravi etički, metafizički, ontološki, politički, itd., inventar. Šta treba sačuvati? I zašto? Šta se može a šta se mora uništiti, prevazići, sačuvati, preurediti, doterati? Prema kojim kriterijumima i radi kakvog cilja?

Dehristijanizacija ne pobeđuje nasiljem: giljotine Terora, pokolji nepokornih sveštenika, spaljivanje crkava, pljačke manastira, silovanje monahinja, vandalizmi čiji je predmet religija nigde se ne mogu braniti ni iz kojeg razloga. Inkvizicija u obrnutom smeru nije ništa legitimnija ili odbranjivija od svojevremene Inkvizicije katoličke Crkve. Do rešenja se dolazi drugim putevima: rušenjem teorije i gramšijevskim ponovnim osvajanjem putem ideja.

Kraj neke civilizacije pred dolazak sledeće uvek predstavlja ogromnu opasnost: tu buja iracionalno, cveta magijska misao, sve vrvi od jeftinih metafizičkih rešenja. Osim toga, kad se posle dugog urušavanja neka kultura konačno sruši, to se uvek dešava u korist umnožavanja onog nagonskog, instinktivnog, animalnog. Kao da najviša tačka nekog razdoblja mora ustupiti mesto magmi prvobitnih energija. Posle razuma dolazi nerazumno.

Postmoderni laicitet omogućio bi da se to kretanje ubrza i da tok istorije što pre prevaziđe evropski nihilizam. Tako da barem po završetku dugog ciklusa ne dođe i do duge i teške agonije i da smrt nastupi brzo i lako, kako i valja. Nema vajde od nerazumnog terapeutskog istrajavanja kraj uzglavlja samrtnika koji od života ne može očekivati više ništa. Evropa je bila hrišćanska, ona takva i ostaje po stečenim navikama, poput refleksnog luka odvojenog od moždane kore.

Posthrišćanin ima šta da nauči od predhrišćanina. Zato od etika koje predstavljaju alternativu antičkom platonizmu treba tražiti materijal za razmišljanje: *moral časti* a ne moral greha, *aristokratska etika* a ne ona lažno univerzalna, *imanentno pravilo igre* a ne transcendentni proces, *vrline koje povećavaju vitalnost* nasuprot onima koje je umanjuju, *uživanje u životu* koje okreće leđa smrtonosnim strastima, *hedonističko namerenje* protiv asketskog ideala, *ugovor sa stvarnim* a ne pokoravanje nebesima, itd.

Odgovor na nihilizam ne leži ni u kakvom obnavljanju: neki, konstatujući sumrak hrišćanstva, zaključuju da treba raditi na njegovom ponovnom uspostavljanju, bilo u tradicionalnom obliku, bilo dodajući drugim reformisanim oblicima uobičajene ugovore s nebom. Okrenuti se integrizmu ili težiti novoj reformaciji. Američki planetarni imperijalizam opredeljuje se za fundamentalističko hrišćanstvo i kao buduću brobu predviđa borbu s islamom, ili, tačnije, uzima na nišan islam koji je postao najdelotvorniji opijum za potlačene kulture i manjine.

Krajnje tačke ove alternative, dakle, osciluju između monoteističkih polova: jevrejsko-hrišćanskog i muslimanskog. Možemo hteti da izbegnemo taj kobni ćorsokak opredeljujući se za treće rešenje: ni jedno ni drugo, nego istinski ateizam koji jednako odbacuje Toru, Novi zavet i Koran i više voli Prosvećenost razuma i jasnoću zapadne filozofije. Protiv religije jedne jedine Knjige koja ne voli druge knjige i zaklinje se u mržnju prema razumu, inteligenciji, ženama, telu, strastima, željama, životu i pročaja, radije se predajmo duhu Didroove i Dalamberove *Enciklopedije*...

Okrenimo leđa fikcijama, bajkama, i radije se zaputimo ka filozofiji – pod uslovom da ona nije patristička legitimacija sadašnjeg stanja stvari, kao što se često dešava s intelektualcima koji se klanjaju američkom liberalizmu, kapitalizmu u svakom obliku i moćima koje to kretanje ubrzavaju. Naime, često zaboravljamo na to da ta sorta filozofije koja kolaborira – s religijom i državnim moćima – postoji i u XVIII veku: pod nazivom *antifilozofija* okuplja izvestan broj osoba koje je istorija zaboravila – Lelarža de Linjaka, opata Beržijea, Žakoba Nikolu Moroa, markiza Karasiolija, itd. – i staje naspram onih koji pružaju otpor – filozofa Prosvećenosti – čija imena svi znaju...

Vladajuća istoriografija sačuvala je, istina, lepe odsjaje iz doba Prosvećenosti, ali vrlo često teističke, deističke ili panteističke, što su sve ustupci duhu hrišćanske religije. Ja za najsnažnije Prosvetiteljstvo, na koje se često zaboravlja, smatram ono koje potiče od otvorenih i neskrivenih, jasnih i nedvosmislenih ateista – od opata Melijea do Holbaha, preko La Metrija i još nekih. Tada počinje novi posthrišćanski svet, s prvim godinama XVIII veka. Njima dugujemo genealogiju ateizma koji danas zaslužuje određenje koje će ga iznova potvrditi nasuprot carstvu monoteizama. Taj posthrišćanski monoteizam daje mogućnost da se stvori isti takav moral.

3

Posthrišćanski ateizam. Izraz posthišćanski ateizam mogao bi ostaviti utisak redundantnosti: već sama imenica nagoveštava da smo prevazišli hrišćanstvo i da smo zaštićeni od religije. Ali zahvaljujući načelu da je epistema našeg vremena prožeta judeohrišćanstvom, i ateizam je obeležen katoličkim žigom. To znači da postoji hrišćanski ateizam i da taj izraz, naizgled oksimoronski, određuje stvarni pojmovni predmet: filozofiju koja nedvosmisleno poriče postojanje Boga, svakako, ali i za svoj račun čuva jevanđeoske vrednosti Hristove vere.

Tako smrt Boga može, dakle, ići u paru s moralom nasleđenim iz Biblije. Branitelji tog neobičnog mišljenja odbacuju transcendenciju i zagovaraju hrišćanske vrednosti ne dajući im teološko opravdanje, ali čuvajući ih i poštujući kao sociološki opravdane. Nebesa su prazna, u redu, ali svet može živeti bolje uz ljubav prema bližnjem, oproštaj greha, milostinju i druge vrline nekada krštene imenima velikodušnost, samilost, milosrđe, zahvalnost, celomudrenost, umerenost, itd.

Posthrišćanski ateizam čuva stečeno načelo da je Bog opasan. On ne poriče njegovo postojanje, ali ga svodi na njegovu suštinu: otuđenje do kojeg dovode ljudi prema načelu hipostaze sopstvenih nemoći sabranih u nekoj nečovečanskoj sili, u etimološkom smislu, koju obožavaju kao esenciju odvojenu od sebe. Prema bovarijevskom načelu, ljudi ne žele da sebe vide onakve kakvi jesu: ograničeni po trajanju, snazi, znanju, moći. Od tog trenutka, oni funkcionišu kao konceptualni lik obdaren atributima koji čoveku nedostaju. Tako je Bog večan, besmrtan, svemoćan, sveprisutan, sveznajuć, itd.

Kad je tajna Boga jednom rasveteljena, posthrišćanski ateizam prelazi na drugu etapu i s istim žarom ruši one vrednosti nasleđene iz Novog zaveta koje onemogućavaju stvarnu suverenost pojedinca i ograničavaju vitalnu ekspanziju subjektiviteta. Moral posle kosturnica Rata 1914-1918, čudovišnost nacističkih polja smrti i staljinističkih gulaga, posle Hirošime i Nagasakija, državnog terorizma zapadnih fašizama i komunističkih režima Istoka, posle Pola Pota, Maa, posle genocida u Ruandi i svega onoga što XX vek boji krvlju, ne može nam više biti dovoljno da lepu besposlenu i nemoćnu dušu privolimo cilju nemogućeg otelovljenja, kad nema istinski ostvarljivih ciljeva. Od sad treba da radimo na skromnijem moralu koji, međutim, može ostaviti stvarne posledice. Ne na etici junaka i sveca, nego na etici mudraca.

II

IMANENTNO PRAVILO IGRE

1

Estetička etika. Dokle god Bog odnosi pobedu, moral predstavlja samo pododeljak teologije. Još od Sinaja, Istinito, Dobro, Valjano, Pravedno, potiču od deset Božijih zapovesti. Nema potrebe za filozofiranjem, traženjem temelja, genealogije, porekla, Bog je dovoljan i služi kao odgovor na sve. Ploče Zakona, Tora, Jevanđelja, Pavlove Poslanice predstavljaju božanske zabeleške. Kad se Bog udostoji da ih sam prikaže, ili kad taj zadatak prenese na svoje najvernije izaslanike, kao materija koja vlada svakim odnosom između ja i ja, između ja i drugog, ja i sveta, ko može biti dovoljno drzak i podao da bi to osporavao? Ko je dovoljno nadmen ili samodovoljan da bi od Boga tražio da mu polaže račune? Izuzev filozofa – pod uslovom da zaista zaslužuje to ime...

Tako je teologija dovoljna za sve. Etika ne može da traži autonomiju za sebe. Ona pada s neba i spušta se iz inteligibilnog univerzuma. Moral ne proističe iz imanentnog ugovora, nego iz epifanije, bogojavljenja. Bog govori, ljudi slušaju, zatim mogu da se pokoravaju. U slučaju da reči izgledaju kao glosolalija, kad se pretpostavi da će se javiti teškoće u razumevanju, ako nam Bog i nije uvek na raspolaganju, sveštenstvo je tu dvadeset četiri časa na dan. Pitajte protu, biskupa, kardinala, reći će vam. Teologija, navodno nauka o božanskom, u stvari je ime za nauku o pokoravanju najvećeg broja ljudi pod izgovorom fikcije nazvane Bog.

Prvi znaci pobune javljaju se u Velikom veku: Dekart prvi zahteva matematiku i geometriju; Lajbnic od nauke uporno traži jezik koji će mu omogućiti da ispriča univerzum; Galilej nije daleko od toga, kao gospodar sveg onog lepog filozofskog sveta; Spinoza očekuje da će podneti izveštaj o stvarnom prema geometrijskom poretku; Njutn proteruje proviđenje i jabuke podvrgava zakonu pisanom jezikom algebre, a ne u teološkim formulama. Bog se povlači, blago ga sklanjaju u stranu, moral dobija izvesnu autonomiju...

Fideizam baroknih libertena priprema ateizam. Bog postoji, naravno, i kako postupati drugačije kad Galilej uspeva da izbegne smrt po cenu odricanja od svojih ideja, kad Đordano Bruno umire na lomači na Kampo dei Fjori, Julije Cezar Vanini u Tuluzu, kad je Teofil de Vijo zatočen u Parizu, kad se spaljuju njegova dela i može strahovati od najgoreg? U isto vreme, Šaron, Dekart, Paskal, Malbranš i mnogi drugi vide svoja dela stavljena na katolički Indeks zabranjenih knjiga...

Francuska revolucija ubrzava kretanje: s fideizma se prealzi na deizam, teizam je još daleko... Ateizam se približava, hrišćanstvo se iscrpljuje. Odrubljena je glava Kralju, tom predstavniku Boga na zemlji. A Bog ćuti. Pale se njegove crkve, pljačkaju se tabernakuli, obeščašćuju redovnice, lome raspeća i kipovi svetaca. On i dalje uporno ćuti. Menjaju namenu njegovih crkava, dižu Hramove bogu razumu? Ćutanje, opet i stalno ćutanje. Sve dok se pred tom očiglednom bezvoljnošću Boga ne dođe do zaključka da je on fikcija.

Posle potresa Francuske revolucije, XIX vek predlaže nove modele. Pozitivizam Ogista Konta, Prudonova serijalna dijalektika, Furijeova matematika strasti, socijalna fizika Ideologa, Marksov dijalektički materijalizam, sve su to znaci da moral i politika ne duguju više ništa ni nebu ni teologiji, nego klijaju iz tla, potiču od zemlje i od nauka. Različite sudbine i mnogostruke sreće, svi ti ljudi streme istom zenitu: svetu oslobođenom svake transcendencije na kojem ljudi, naravno, moraju polagati račune, ali svojim bližnjima, i nikome drugom.

Matematički model dolazi na mesto teokratskog modela. Međutim, onaj prvi je funkcionisao od davnina pa sve dok Luju XIV nije odrubljena glava. Znači, trajao je dugo, hiljadama godina. Model koji ga je zamenio u mnogo ograničenijem prostoru: od pale glave Luja Kapeta do pada Berlinskog zida, ako ne i nekoliko decenija ranije... Jedan vek, ne više od toga. Dva nesamerljiva razdoblja. Teologija je trajala dugo. Štaviše, nauka je često ostajala na tome da matematizuje milenaristički diskurs i da promene sporovodi samo u formi. Milenarizam, apokaliptička misao, mesijanski i profetski diskurs prožimali su društvene i socijalističke, utopijske i komunističke odiseje.

Posle takozvanih Nekoherentnih umetnika, Tristan Cara u ciriškim kafeima prinosi krstionici dadaizam (*Dada*, 1917, Marineti škropi svetom vodicom svoj futurizam (*Manifest futurizma*, 1909), Andre Breton svetim mirom stavlja magijski znak na čelo nadrealizma (*Manifest nadrealizma*, 1924). Nade u nauku i neki bolji svet u Evropi blede s ratom 1914-1918: besmislen, prljav, sumanut, histeričan, lud, mahnit, krvav, on trajno iscrpljuje Zapad. Izlaz za slučaj opasnosti je estetika...

U vreme ofanzive na Verden, 1917. godine, Marsel Dišan, *anartista*, napola kao lakrdiju a napola kao radikalni potres prikazuje svoju *Fontanu* na nekoj izložbi. To je prvi *ready-made*, ili gotovi proizvod, ako treba prevesti... – koji obeležava pravu kopernikansku revoluciju u estetici. Ta metafizička sanitarna naprava razbija u paramparčad Kantovu *Kritiku moći suđenja*, dakle, platonizam u umetnosti i drugde. Više od dvadeset vekova klasične teorije o lepom otišlo je u dim, za tren oka. Odjednom, Lepo po sebi se sklanja i postaje ideja prema kojoj gledalac stvara sliku.

Dišan tome dodaje još jednu revoluciju: revoluciju materijala. Došao je kraj plemenitim materijalima koje je istorija umetnosti odobrila od početaka – pigmenti boje, mermer, bronza, zlato, srebro, platina... – i rađaju se svakojaki materijali, od najplemenitijih do najprostijih – fekalne materije, prašina, otpaci... – preko onih najnematerijalnijih – zvuka, svetlosti, ideje, jezika... Na dobro kao i na zlo, sve, ama baš sve postaje umetnički materijal. Pa zašto onda ne bi i postojanje? A na filozofima je da zabeleže tu moguću revoluciju. Metafizički, kucnuo je čas za estetičku etiku.

2

Vajanje našeg Ja. Zadržimo staru metaforu vajanja: Plotin je koristi u *Eneadama* i poziva svakoga da bude vajar svoga kipa. Naime, biće je *a priori* prazno, šuplje. *A posteriori,* ono je sve što je učinjeno i sve što je od njega napravljeno. Modernim jezikom rečeno: egzistencija prethodi esenciji. Svako, dakle, ostaje delimično odgovoran za svoje biće i njegovu budućnost. Baš kao mermerni blok, koji je grub i bez identiteta dokle god vajarovo dleto ne odluči da mu dade neki oblik. Taj oblik nije skriven, nije odranije postojao u tvari, nego je u celini proizvod nekog rada. Delo se stvara dan za danom, sat za satom, sekundu za sekundom. Svaki trenutak doprinosi njegovom nastanku.

Šta je to što treba da stvaramo? Jedno radikalno Ja, radikalnu Subjektivnost. Identitet bez dvojnika. Pojedinačnu stvarnost. Ispravnu ličnost. Izvanredan stil. Jedinstvenu snagu. Veličanstvenu moć. Kometu koja će opisati do tada neviđenu putanju. Energiju koja utire osvetljen put kroz haos kosmosa. Lepu individualnost, temperament, karakter. Ne tražeći remek-delo, ne težeći savršenstvu – genija, junaka ili sveca – treba težiti epifaniji sasvim nove suverenosti.

Filozofska tradicija traži da ne volimo svoje Ja, ona svuda razglašava svoju mržnju prema Ja. Mnogi savremeni filozofi brane takav teorijski stav a da i ne trepnu, a zatim se u svojim delima i člancima raspričaju o pojedinostima iz svog detinjstva, pišu svoje biografije, upuštaju se u svedočanstva o svom intelektualnom stasavanju i najranijoj mladosti. Jedan beleži pojedinosti o porodičnom zemljoradničkom imanju, drugi o školovanju i adolescenciji, treći čak napravi celu knjigu kako bi do tančina raspredao o svojoj depresiji...

Ta šizofrenija dovodi do protivrečnosti: ili su u pravu što osuđuju Ja, pa onda neka ćute; ili neka govore u prvom licu, a onda neka tome prilagode i svoju misao. Smatram da je neophodna teorijska revizija i nastavljanje egzistencijalnog samoanaliziranja koje, po mom mišljenju, omogućava da bolje shvatimo otkuda dolazi neka misao, šta je i kuda ide.

Protiv religije egotizma, obožavanja Ja, autističnog narcizma, ali i protiv mržnje prema svemu što se iskazuje u prvom licu, treba pronaći pravu meru Ja, neophodno je da se ono obnovi i iznova uspostavi. Ni karikatura dendizma, ni strast prema metafizičkom ispaštanju, nego pismo jednog Ja koje nije ni histerično ni empatijsko, ni kritičko ni tanatofilsko, nego logičko: po ugledu na Dekarta, koji za svoju metafiziku traži i nalazi jedno Ja, treba težiti sličnom ishodu kako bi konačno bila moguća etika. Bez polazne tačke nije moguć nikakav etički predmet.

Samo to Ja omogućava sklanjanje sveta jer Ti, On, Ona, Mi, Vi, Oni i One predstavljaju isto toliko sklanjanja drugosti. Prisnog, bliskog drugog kome se obraćamo na ti; dalekog trećeg; skup Ja povezanih zajedničkim planom; bliski treći; skup nama dalekih ljudi. Odnos prema drugom nije moguće izgraditi ako ne postoji zdrav odnos između ja i ja koja stvaraju neko Ja. Identitet koji je neodređen ili odsutan iz sebe onemogućava etiku. Samo snaga jednog Ja omogućava razradu nekog morala.

Svako Ja koje nije proisteklo iz htenja, rada neke sile, koje nije istesala neka energija, usled njihovog nedostatka konstituiše se od svih predodređenja koja zauzimaju njegovo mesto. Genetska, društvena, porodična, istorijska, psihička, geografska, sociološka – mnogo je tih predodređenosti što spolja oblikuju Ja koje divlje prima sve te sile potekle od brutalnosti sveta. Nasleđe, roditelji, nesvesno, vreme, mesto na svetu na kojem ugledamo svetlost dana, obrazovanje, društvene prilike i neprilike, sve to melje onu propustljivu, krajnje savitljivu tvar i predodređuje je... za nered. Zatvori, psihijatrijski azili, psihološka savetovališta, čekaonice kod psihoanalitičara, pomoćne sobe kod sofrologa[1], bračnih savetnika, refleksologa, radiestezista, magnetizera i drugih vrača-pogađača, ordinacije seksologa, redovi ljudi koji čekaju na psihoaktivne supstance što se prodaju po apotekama i mnoštvo drugih postmodernih šamana igraju oko tih slabašnih i slomljenih ja, tih neuobličenih identiteta.

3

Neuronsko obučavanje. Etika je stvar tela, a ne duše. Pre svega, ona potiče iz materije mozga, a ne iz nekakve magle svesti. Dvojnost duše i tela, supstance koja zauzima prostor i supstance koja misli, povezanih hirovitom epifizom, odslužila je svoje otkako je nedavno viđena genijalna demonstracija *neuronskog čoveka*. Još od Leukipa filozofi materijalističke loze potvrđuju očiglednost te genealoške istine.

Ja sam, dakle, moje telo, i ništa drugo. Moral proizlazi iz njega. Daleko od ontološkog i eteričnog tela fenomenologa, ili od Delezove fikcije o telu bez organa – što su sve tvorevine duša na ivici raspada – telo se upravo preko organa sklapa u sisteme koji, takođe međusobno povezani, proizvode veze neophodne za funkcionisanje te uzvišene mašinerije.

---

[1] Specijalista sofrologije, dela psihosomatske medicine koja proučava kakve posledice na organizam ostavljaju izvesna stanja svesti izazvana sugestijom, relaksacijom, autokoncentracijom, itd. – *Prim. prev.*

Stara suprotstavljenost između *površnog materijalizma* i *suptilnog vitalizma*, gde se s jedne strane nalaze nevernici, a s druge hrišćani, promašila je svoj cilj, što je išlo u prilog neobičnom dijalektičkom prevazilaženju: *vitalističkom materijalizmu*. To je materija, i ništa drugo, kroz koju neprestano protiču struje, koje se takođe mogu svesti na materiju iako prevazilaze čistu jukstapoziciju atoma.

Međuprostor materije, koji je takođe materija, drži se za sile, takođe imanentne, koje tek treba da budu naučno dešifrovane. Telo je dakle *golemi razum*[1], da upotrebimo Ničeove reči – ali mozak deluje kao taj *golemi razum* onog drugog *golemog razuma*. Otuda je značajna njegova uloga u pitanjima morala. Pošto etika nije data, nego se stvara, gradi; pošto ona pretpostavlja rad volje; pošto, po uzoru na modernu umetnost, prisvaja postojanje kao materijal za artefakt; pošto mozak deluje kao računarska centrala; iz toga izvodimo zaključak da je nužno neuronski obučiti nervni sistem i prožeti ga etikom. Obrazovanje u tome igra značajnu ulogu; oblikovanje postavlja osnove bez kojih ništa moralno nije moguće.

Dobro i zlo, istinito i lažno, pravično i nepravično, lepo i ružno proističu iz ljudskih odluka, koje su ugovorne, relativne i istorijske. Ovi oblici ne postoje *a priori*, nego *a posteriori*, oni se moraju upisati u neuronsku mrežu kako bi postojali: nema morala bez povezivanja neurona koje će

---

[1] „Telo je jedan golemi razum, jedna velika mnogostrukost sa jednim smislom, rat i mir, stado i pastir. Pa i tvoj mali razum je alatka tvog tela, moj brate, koju nazivaš 'duh', jedna mala alatka i mala igračka tvog golemog razuma. [...] tvoje telo i njegov golemi razum: ono ne kaže 'Ja', ali sačinjava to 'Ja'." Fridrih Niče, *Tako je govorio Zaratustra*, „O onima što preziru telo", prevod Boška Radusina, Rad, Beograd, 1993, str. 25. – *Prim. prev.*

ga omogućiti. Etika, dakle, pretpostavlja faustovsko telo koje je oblikovala sila i demijurgija inteligencije koja hoće. Moral se uči, on se upisuje u materiju mozga, stvara sinapse i omogućava anatomske funkcije moralnog poduhvata.

Moral, dakle, nije stvar teologije između ljudi i Boga, nego imanentna istorija koja se tiče ljudi među sobom, bez ikakvog drugog svedoka. Intersubjektivnost pokreće mentalne, dakle neuronske predstave: drugi nije lice – neka izvine levinasovci – nego skup aktivnih nervnih signala u neuronskom aparatu. Kad upredena mreža ne bi bila pravljena od početka prema kraju – kad je ne bi stvarali roditelji, vaspitači, učitelji, porodica, sredina, vreme... – nikakav moral ne bi bio moguć.

Od tog trenutka materijalizam prestaje da bude carstvo čiste fatalnosti, nužnosti protiv koje se ne može ništa uraditi. Uzajamno delovanje preobražava obe instance: pojedinac koji gradi društvo i društvo koje stvara pojedinca jedni druge suštinski hrane i menjaju. Univerzalni, večni i transcendentni moral ustupa mesto posebnoj, privremenoj i imanentnoj etici.

Neuronsko obučavanje ne odigrava se protiv nečega drugog, uglednijeg u ova politički korektna vremena, pošto se od njega ne može pobeći: odsustvo obrazovanja, odustajanje od prenošenja vrednosti, odricanje od bilo kakvog pedagoškog poduhvata – što su izgleda vrlo često odlike našeg doba – kao negativ uvode drugačiju neuronsku obuku, opasnu pošto u nervni sistem ubacuje to da zakon nije etički zakon, nego zakon džungle.

Od tada etologija jasno pokazuje da etika nedostaje: svako se razvija na teritoriji ograničenoj na sopstvenu predodređenost nadmoćnog mužjaka, podređene ženke, dela horde, člana stada raširenijeg od nekog drugog. Carstvo plemena nasuprot carstvu čoveka. Izgrađivanje etičnog mozga predstavlja prvi stepenik ka političkoj revoluciji dostojnoj tog imena. Nekad je to bila glavna ideja fanatika iz veka koji je nazvan Vek prosvećenosti.

III

HEDONISTIČKA INTERSUBJEKTIVNOST

1

Hedonistički ugovor. Kad neuronska mašina postoji, potreban je i neki sadržaj, pošto ne može da radi u prazno. Mozak je instrument, sredstvo, ali nikako ne cilj po sebi. Ako obučavanje neurona prati mogućnosti nerava, potreban mu je cilj: obučavanje za šta? Radi čega? Prema kojim kriterijumima? Svako vaspitavanje pretpostavlja neku svrhu. Bez jasno utvrđenog cilja etika uopšte nije zanimljiva. Koje pravilo igre zaslužuje da u njega ulažemo napor i da mu se priklonimo? Šta je to što ga čini poželjnim?

Odgovor: smirena, radosna, srećna intersubjektivnost; mir duše i duha; spokojstvo bivstvovanja; lakoća u odnosima s drugim; ugodnost u ophođenju između muškaraca i žena; veština u odnošenju i njegovo podvrgavanje vrhunskim dostignućima kulture: istančanosti, pristojnosti, ljubaznosti, poverenju, poštovanju date reči; sklad između reči i postupaka. Drugačije rečeno: kraj rata, izbegavanje logike gospodara i roba, odbacivanje borbe za stvarnu ili simboličku vlast nad teritorijama, iskorenjivanje onoga što je u nama ostalo od životinje. Ukratko: drastično kroćenje zveri u nama i rođenje čovečnog u čoveku.

To je ideal... Stvarnost je svakome poznata: subjekat etike nije nužno obdaren nekim strukturisanim, jasnim, čistim, zdravim Ja. Mnogima često nedostaje identitet – moguće je da je tako s većinom. Nedovršeno ja, krhkost, pukotine, lomovi, nepotpunost, delovi u senci, opasne zone, vladavina nagona smrti, sadističkig nagona, mazohističke sklonosti, nesvesno koje je potpuno osvojio nagon za uništenjem ili samouništenjem, i mnoštvo drugih stvarnih stanja ostavljaju nas u uverenju da savršenstvo nije od ovog sveta, pa nam ostaje samo da se neprestano prilagođavamo tim opšteraširenim negativnostima.

Naravno, niko više ne veruje u jasnu liniju podele između normalnog i patološkog, razuma i ludila, mentalnog zdravlja i poremećaja ponašanja. U azilu je zatvoren izvestan broj ljudi među kojima u zatvorski sistem ne spadaju svi, a neki, mnogi koji bi se tu mogli naći zauzimaju strateške položaje u svakodnevnom društvu. Još bolje: neki veliki bolesnici usmeravaju svoju megalomaniju, svoju histeriju, svoju paranoju na delatnosti koje imaju ugled u društvu. Ljudi od reda i autoriteta, profesionalni političari, histrioni društva spektakla, histerici planetarne kulturne scene pružaju priliku za sublimacije koje njihovi protagonisti koriste da izbegnu radosti zatvaranja...

Mnoštvo anonimnih ljudi takvo skretanje društveno neprihvatljivih pobuda prema izvedenim društveno priznatim i poštovanim delatnostima ne može da ostvari. Neizbežna je društvena i etička šteta koja će svakako nastati... Imenom *relacionalni delinkvent* nazivam onoga ko nije ni odgovoran ni kriv, nego je izgrađen kroz niz egzistencijalnih postupaka koji su od njega napravili biće nesposobno da sklopi ugovor, dakle, da održi bilo kakvu etičku vezu.

Naime, ugovor je osnova etičkog odnosa. Mi smo ljudska bića i kao takvi smo obdareni sposobnošću da opštimo. Pre svega jezikom, naravno, ali i pomoću hiljadu drugih znakova koji se mogu poistovetiti s upućivanjem poruke, njenim dekodiranjem, primanjem i razumevanjem od strane drugog lica. Neverbalna komunikacija, gestovi, mimika lica, položaji tela, ton, dizanje i spuštanje glasa, ritam i prekidi u govoru, osmeh, obaveštavaju o prirodi nekog odnosa. Na nultom stepenu etike nalazi se situacija.

Prvi stepen: *prisustvo želje drugog*. Šta on hoće? Šta mi govori? Koja je njegova volja? Otuda *neophodnost brige*. Obavestiti se o planu tog drugog s kojim se nalazim u nekoj situaciji. Zatim ga zauzvrat uputiti u svoje planove. Uvek putem znakova, između ostalog i jezika. Ova neprestana igra dobacivanja između učesnika omogućava potpisivanje *ugovora*. Nema morala izvan logike uzajamno obavezujućeg ugovora. Na osnovu razmenjenih informacija postaje moguć etički odnos.

Relacionalni delinkvent, čim prikupi informacije, ukoliko postoji nekakva pretnja njegovom egzistencijalnom spokojstvu, kao rešenje priziva odgovarajuću reakciju: *izbegavanje*. Hedonizam se pozitivno definiše kao potraga za zadovoljstvom, svakako, ali i negativno, kao izbegavanje prilika za nezadovoljstvo. Svaka oronula psiha kvari ono što dotakne. Osim u slučaju želje za samopovređivanjem – etičke u slučaju ugovora... – izbacivanje omogućava da se ponovo uspostavi mentalni mir i psihičko spokojstvo.

U izvesnim slučajevima uspostavljanje odstojanja nije moguće. Onda kad je reč o osobama s kojima smo iz mnogih razloga prinuđeni da ostanemo u dodiru. Tada preostaje etičko rešenje, dobro odstojanje, ono što u *Vajanju sebe* nazivam *eumetrija*. Ni preblizu, ni predaleko. Ni radikalno i konačno uvođenje odstojanja, ni bliskost koja izlaže opasnostima. Ne izlagati se, ne predavati se, ne davati, čuvati za sebe svoje tajne, negovati odstojanje, držati do diskrecije, ostati neproziran, služiti se ljubaznošću i pristojnošću, sve je to veština prihvatljivih ali ne previše bliskih odnosa. Šta je svrha svega toga? Izbeći da izložite opasnosti tvrdo jezgro svog identiteta.

2

Etički krugovi. Hrišćanski moral poziva nas da volimo bližnjeg kao same sebe, za ljubav Božiju. Šta znači taj izraz ako se potrudimo da ga razmotrimo u celini? Najpre to da drugi nije cilj, da ga ne volimo njega radi, zato što je onaj koji jeste, nego zato što predstavlja priliku, sredstvo da se dođe do nečega drugog, to jest, Boga. Treći? On je samo stepenik preko kojeg se stiže do Boga. Drugoga ne volimo zbog njega samog, nego zato što nam najpre i prevashodno pruža priliku da Tvorcu kažemo da volimo njegovo stvorenje. Voleći drugog, volim Boga: sprovođenje morala u delo svodi se na molitvu.

Taj u etimološkom smislu *neljudski* moral obraća se dvema kategorijama ljudi: jednu je lako voleti, i nema potrebe da postoji obaveza da se voli ako je to nešto što nas naizgled prirodno ponese, ako je to sklonost koja je urođena, ako progovara magnetizam; druga kategorija su oni mrski: čuveni relacionalni delinkvent u mnogobrojnim varijacijama: od sartrovskih gadova do logorskih dželata, preko sadista s mene pa na uštap, perverznjaka iz dana u dan, zlobnika u celini i mučitelja u pojedinostima, uz druge varijacije na temu etičke negativnosti. Njih voleti? Ama, zašto?

U ime čega, u ime koga možemo proglasiti za dužnost ljubav prema bližnjem koji je mrzak? Na šta se to možemo pozvati kako bismo žrtvi rekli da voli svog dželata? On je Božiji stvor poput mene, a putevi Gospodnji koji su ga naveli da čini zlo nedokučivi su? To će proći kod onih koji se klanjaju hrišćanskim budalaštinama, ali kod onih drugih kojih se te bajke ne tiču? Kakva čudnovata izopačenost bi ih dakle mogla navesti da se drže te nečuvene zapovesti: voleti onoga ko nas je svojim mučenjem uništio? Aušvic pokazuje ograničenja te etike: zanimljiva je ona na papiru, ali ne i u životu.

Tom moralu za bogove, i kao takvom, zabranjenom ljudima, suprotstavljam *aristokratsku etiku po izboru*. Ne treba težiti svetosti, nego mudrosti. Nasuprot lažnom obostranom jednoznačnom preslikavanju u trougaonom hrišćanskom odnosu zalažem se za geometriju etičkih krugova koje Ja organizuje oko sebe polazeći od središnje, žarišne tačke – svako je središte svog rasporeda – i u koncentričnom rasporedu smešta svakoga drugog u zavisnosti od razloga koje ima da održava ili ne održava bliske veze s njim. Nijedno mesto nije neopozivo utvrđeno, svaka situacija u tom prostoru proističe iz onoga što je rečeno, učinjeno, pokazano, dokazano i dato kao znak kvaliteta određenog odnosa. Naime, ne postoji Prijateljstvo, nego samo dokazi prijateljstva, ne postoji Ljubav, nego samo dokazi ljubavi, ni Mržnja, nego dokazi mržnje, itd., te postupci i gestovi ulaze u aritmetiku koja omogućava da se na osnovu utvrđivanja činjeničnog stanja zaključuje o prirodi odnosa: prijateljstvo, ljubav, nežnost, drugarstvo, ili obrnuto...

Ta dva kretanja su prosta: izabiranje i izbacivanje. Centrifugalna cila, centripetalna sila. Privlačenje sebi, odbacivanje ka obodima. Ta etika je dinamična, nikad se ne zaustavlja, uvek je u pokretu, uvek u odnosu na ponašanje drugog. Od toga trenutka drugi ima obavezu prema svojim obećanjima i odgovoran je za svoje mesto u mojoj etičkoj shemi. Sa stanovišta hedonizma, želja za zadovoljstvom drugog aktivira kretanje ka sebi; aktiviranje nezadovoljstva u drugom izaziva suprotno kretanje.

Tako etika naizgled ima manje veze s teorijom nego s praksom. Radosni utilitarizam uvodi pravila igre. Delanje – misli, reči i postupci – pokreću dinamike. Pošto platonovsko Prijateljstvo ne postoji, nego postoje samo njegova otelovljenja, dokazi prijateljstva zbližavaju, svedočanstva o neprijateljstvu udaljavaju. Isto tako možemo razmišljati i o onome što je so postojanja – ljubavi, privrženosti, nežnosti, blagosti, predusretljivosti, pažljivosti, trpeljivosti, velikodušnosti, ljubaznosti, prijaznosti, umiljatosti, pristojnosti, učtivosti, uljudnosti, milostivosti, odanosti i svemu onome što stoji uz reč *dobrota*. Te vrline učiniće da neka veza bude vrsna; njihov izostanak udaljava ljude, a njihovo kršenje stvara provaliju između njih.

Dodajmo tome i da je etika stvar svakodnevnog života i beskrajno sitnih otelovljenja u tananom tkivu ljudskih odnosa, a ne stvar čistih ideja ili eteričnih pojmova. Ona nije nešto što osveštava carstvo gotovo ničega, ne-znamčega, zanemarljivog i beznačajnog. Moralne jedinice mere proističu iz neprimetnog ili maltene neprimetnog, iz mikroskopski vidljivog oku sviklom na varijacije veličine atoma. Ravnoteža tog rasporeda večito je nestabilna, izložena na milost i nemilost potresima koje je izazvalo leptirovo mahanje krilima. Teorija katastrofa... Svako biće ima nesigurnu putanju kroz raspored drugog; svako boravi u središtu svog rasporeda; svako zauzima neko odloženo mesto. Samo etička napetost, moralna brižnost i pravično delanje omogućavaju da zadrži prevashodni položaj.

Nema više strašnog suda, nema sile koja transcendentno vlada u pitanju morala, nema privremene nekažnjivosti u ime božanske i posmrtne pravde... Kazna je u toj imanentnoj etici trenutna. U tom braunovskom večnom kretanju Bog ne sudi, jer ništa i niko ne sudi, ishod je samo određenje nekog odnosa. Raspad odnosa ili njegovo učvršćivanje, to su jedine posledice: samo nešto potpuno opipljivo. Za to nije potreban neki nebeski posrednik...

3

Dijalektika učtivosti. Hedonizam, dakle, pretpostavlja stalno preračunavanje kako bi se u datoj situaciji sagledalo koja se zadovoljstva mogu predvideti, ali i koja su moguća nezadovoljstva. Napravimo spisak svega što se može očekivati, zabavno i dosadno, prijatno i neprijatno, a zatim prosudimo, odmerimo, proračunajmo pre nego što pređemo na delo. Epikur objašnjava to matematičko pravilo: ne treba pristati na zadovoljstvo sada i ovde ako će za njega kasnije morati da se plati nezadovoljstvom. Treba ga se odreći. Još bolje: izabrati nezadovoljstvo u datom trenutku ako ono kasnije vodi nastanku nekog zadovoljstva. Izbegavati, dakle, čistu trenutnu radost. Jer uživanje bez svesti samo je propast za dušu...

Zbir zadovoljstava uvek mora biti veći od zbira nezadovoljstava. Patnja u svoj hedonističkoj etici otelovljuje apsolutno zlo. I pretrpljena patnja, i naneta patnja, očigledno. Sledstveno tome, apsolutno dobro poklapa se sa zadovoljstvom koje se određuje kao odsustvo briga, stečeno, osvojeno i održano spokojstvo, mir duše i duha. Ta igra pojmova može delovati složeno, ta mentalna napetost ostavlja utisak radiklane neostvarljivosti, ta stalna briga za trećeg, ta etička scena koja se stalno postavlja, to neprekidno moralno pozorište tera nas na pomisao da je to titanski poduhvat, nedostižan, ništa ostvarljiviji od jevrejsko-hrišćanskog morala svetosti.

Neosporno, ali samo ako od početka izostane neuronsko obučavanje koje omogućava da se refleksno usvoji takav način postupanja. Naime, ako unapred postoji moralno vaspitavanje i ako snopovi nerava pravilno rade, ta aritmetika ne traži teške napore. Naprotiv: lakoća s kojom se ona sprovodi u delo čak stvara radost. Jer, postoji stvarno zadovoljstvo u tome što je čovek etičan i što dela moralno – u skladu sa zahtevima hedonističkih snopova nadoknada u sivoj materiji.

Svaka aritmetika zadovoljstava obavezuje na brigu za drugog – to je definicija tvrdog jezgra svakog morala. Očima protivnika, na hedonizam se gleda kao na simptom bede našeg vremena – individualizam, kažu oni – a vrlo često ga mešaju s egoizmom: prvi tvrdi da postoje samo pojedinci, a drugi da postoji samo on – autizam, potrošački mentalitet, narcizam, ravnodušnost prema nedaćama drugog i celog čovečanstva...

U stvari, hedonizam brani upravo suprotan stav. Zadovoljstvo se *nikad* ne može opravdati ako za njega treba da plati drugi svojim nezadovoljstvom. Postoji samo jedno opravdanje za nezadovoljstvo drugog: onda kad ne možemo da postupimo drugačije kako bismo izbegli uništiteljsku vlast negativnosti trećeg. Drugim rečima: kad rat postane neizbežan. Radost drugog i mene raduje, nezadovoljstvo drugog izaziva moje nezadovoljstvo.

Nasuprot hrišćanskom moralu, koji je statičan, izmiče istoriji i govori o apsolutu, etika koju ja predlažem dinamična je. Ona ne živi u teoriji, nego u konkretnim slučajevima. Drugi, budimo u tome nominalisti, predstavlja pojam koji je koristan u raspravi, ali ništa više od toga. Nikako ne Boga nekakve religije humanizma. Jer, postoje samo konkretne situacije u kojima se pojedinci nalaze.

Pažnja pretpostavlja napetost. Potreban sam drugome sa stanovišta uspelog odnosa koji može stvarati zadovoljstvo kod mene, što je antropološki i psihološki tropizam na koji smo osuđeni. Njegovo zadovoljstvo sastavni je deo mog zadovoljstva. Isto je tako i s njegovim nezadovoljstvom. Rasprave o moralu propovedaju Drugog. Ali moral, veština detalja, odnosi pobedu u skromnom otelovljenju: mesto etike jeste neka reč, gest, rečenica, pažnja, a ne laička predikaonica filozofa koji žonglira Dobrim po sebi i Vrlinom u apsolutnom smislu.

Tako ćemo u mnoštvu velikih vrlina kao što su Dobro, Lepo, Istinito, Pravično, uzalud tražiti neku sićušnu vrlinu kadru da proizvede veličanstvene posledice. U redu, Dobro, ali kako? Na koji način? Raspravlja se o idolima s velikim početnim slovom, udaljenim od stvarnosti, od zemaljskog, pa time i od svake etičke intersubjektivnosti. Jankelevičeva obimna *Rasprava o vrlinama* vrlo često stavlja zabranu na odista etičan gest.

Učtivost otvara put ka realizaciji morala. Kao mala vrata koja vode u veliki zamak, ona vodi neposredno drugome. Šta ona kaže? Ona potvrđuje drugom da ga je videla. Dakle, da on *jeste*. Pridržati nekome vrata, sporovoditi obrede ljubaznih reči, nastavljati logiku lepih manira, umeti zahvaliti se, primiti, dati, držati do neophodne radosti u minimalnoj zajednici – dvoje... – eto kako *praviti* etiku, *stvarati* moral, *otelovljavati* vrednosti. Umeće življenja kao umeće bića.

Uljudnost, pristojnost, umiljatost, uglađenost, srdačnost, taktičnost, susretljivost, uzdržanost, doličnost, velikodušnost, darivanje, prijaznost, pažljivost, sve su to varijacije na temu hedonističkog morala. Hedonistička računica podrazumeva, poput računanja napamet, redovno vežbanje kako bi se postigla neophodna brzina. Što se manje vežbamo u učtivosti, to nam teže postaje da je sprovedemo u delo. Obrnuto, što je više koristimo, to ona bolje radi. Navika pretpostavlja neuronsko obučavanje. Van polja etike nalazimo samo polje etologije. Neučtivost je osobina divljaštva. Najsiromašnije, najsmernije, najskromnije civilizacije imaju svoja pravila učtivosti. Samo narušene civilizacije koje su na putu da nestanu, koje su pokorili jači od njih, lančano koriste neučtivost. Formula učtivosti prema suprotnom polu određuje erotizam.

TREĆI DEO
SOLARNA EROTIKA

I

ASKETSKI IDEAL

1

Mitologija nedostatka. Dvadest vekova judeohrišćanstva – ugrubo – ostavilo je tragove u oblikovanju zapadnog tela. Recikliranje pitagorejske, ali pre svega platonovske tradicije ostavilo je hrišćanskoj Evropi u nasleđe šizofreno telo koje mrzi sebe, u sebi čuva jedino fikciju o nekoj navodnoj nematerijalnoj i besmrtnoj duši, da bi na kraju uživalo u nagonu smrti koji vladajuća ideologija gaji *ad nauseam*.

Kad bi analitičarski kauč mogao, kao kod Krebijona, da progovori, a isto tako i fotelja u ordinaciji seksologa, veoma je verovatno da bismo čuli neverovatne stvari o seksualnim običajima puti, obrtima i zaokretima libida i onome što bih ja u celini nazvao seksualna beda ne bih li izbegao ono što, od zoofilije do nekrofilije, preko pedofilije, pokazuje nezgodnu sklonost homo sapiensa da uživa u pasivnim predmetima koje sebi podređuje nasiljem. Čuveni heteroseksualni par, da ograničim svoju temu, isto tako trpi zbog prisustva divlje surovosti.

Erotizam deluje kao protivotrov za tu seksualnost koju određuje njena bestijalna priroda: kad govori samo seks, on izražava najsirovije porive mozga običnog gmizavca; kad se ispoljava kroz artificijelno, on prikuplja ono najbolje iz civilizacije koja ga je proizvela. Ako tražimo jevrejsko-hrišćanski pandan kineskoj, indijskoj, japanskoj, nepalskoj, persijskoj, grčkoj, rimskoj erotici, nećemo naći ništa. Jedino naličje erotike: mržnju prema telu, puti, želji, zadovoljstvu, ženama i uživanju. Nema katoličke veštine uživanja, postoji samo učena mašinerija za kastriranje i uništavanje svakog nagoveštaja hedonizma.

Jedan od stubova te mašine za masovnu proizvodnju evnuha, devica, svetaca, majki i supruga uvek ide nauštrb ženskog u ženi. Ona je prva žrtva tog antierotizma, kriva za sve ono zemaljsko. Ne bi li zasnovao logiku najgoreg u seksu, Zapad stvara mit o želji kao nedostatku. Od besede o hermafroditu koju u *Gozbi* drži Aristofan pa sve do *Spisa* Žaka Lakana, preko korpusa Pavlovih tekstova, ta fikcija traje i opstaje.

Šta ona kaže? U suštini: muškarci i žene potekli su iz prvobitnog jedinstva koje su bogovi srušili zato što su se drznuli da uživaju u potpunom savršenstvu; mi smo samo delovi, komadići, nepotpuni smo; želja je ime za potragu za onim prvobitnim oblikom; zadovoljstvo je određenje vere u fantazmatičko ostvarenje te usled svog savršenstva sferne životinje. Želja kao nedostatak i zadovoljstvo kao ispunjavanje tog nedostatka, to je poreklo sve seksualne nelagodnosti i bede.

U stvari, ta opasna fikcija većinu navodi da traga za nepostojećim, odnosno, da nalazi samo frustraciju. Potraga za Princom na belom konju – ili njegovom ženskom formulom – dovodi do razočaranja: stvarno nikad ne trpi poređenje s idealom. Htenje da se postigne potpunost uvek izaziva bol zbog nepotpunosti – izuzev kad se jave odbrambeni mehanizmi, kao što je poricanje, koji sprečavaju ispoljavanje očiglednog u svesti. Razočaranje uvek na kraju doživi dan kad se njena stvarnost upisuje u imaginarno kojim upravlja vladajući moral kojem u tome pomaže ideologija, politika, religija, udruženi kako bi proizveli i održali tu prvobitnu mitologiju.

Međutim, želja nije nedostatak, nego višak koji preti da se izlije; zadovoljstvo nije određenje navodno ostvarene potpunosti, nego sprečavanje prelivanja pomoću izlivanja. Nema metafizike prvobitnih životinja i hermafrodita, postoji samo fizika tvari i mehanika fluida. Eros ne potiče s neba Paltonovih ideja, nego od čestica materijalističkog filozofa. Otuda potreba za posthrišćanskom, solarnom i atomističkom erotikom.

2

Ideologija porodice. U logici obnovljenje životinje, stapanje u par smatra se za krunu jevrejsko-hrišćanske erotike. Metafizička nesposobnost većine sisara kojima je blizak nagon stada, čopora, u tome pronalazi rešenje u obliku antidota. Kad bovarizam govori o ljubavi, o sestrinskoj duši, princu i princezi, razum tu vidi društveni ugovor ili obezbeđivanje egzistencije. Udvoje, bol što smo na svetu izgleda manji. Još jedna iluzija...

Ljubavni govor maskira istinu o vrsti: roman, medijska propaganda – reklama i film, televizija i takozvana ženska štampa – pričaju o udaru groma, strasti, izvanrednoj moći osećanja, ljubavi s velikim početnim slovom, tamo gde razum nemilosrdno razotkriva istinu govoreći o feromonima, zakonima vrste, slepoj prirodi koja teži održavanju nepromenljivih uslova u parku sisara sa sivom materijom u moždanoj kori.

Kad filozofija promaši, zavlada biologija. Ili etologija – koja od nje zavisi. Mužjak postoji pre muškarca, ženka pre žene. Društvena podela uloga obavlja se imajući u vidu potomstvo. Ne poznajući najsitnije pojedinosti mehanizma proizvodnje, otežala, umorna od tereta deteta koje nosi ona odista ne može da prati mužjaka u lovu ili u sakupljanju u neprijateljskoj sredini. Pri tom još mora i ostati kraj ognjišta zbog deteta ili dece koja su već tamo.

Naravno, porodica mobiliše i mužjaka i ženku, svakoga za svoju posebnu ulogu. Za žene je to: održavanje vatre, spremanje namirnica, kuvanje, pečenje, tkanje, štavljenje, spajanje koža, šivenje, predenje vune, obezbeđivanje odeće, što su sve delatnosti vezane za jedno mesto, dok njihovi drugovi love, pecaju, skupljaju, ili obrađuju zemlju, što su poslovi koji zahtevaju kretanje. Mnogo milenijuma kasnije, uprkos kulturnim i intelektualnim naslagama civilizacija, da li je sad zaista drugačije?

Politika i društvo obnavljaju delovanje prvobitne etologije, daju joj ugled u obliku zakona-utemeljivača. Od tada porodica sa svojim nomadskim i sedelačkim polom čini osnovnu ćeliju društva. Ona je prvi zupčanik državnog mehanizma koji se svesno ili nesvesno trudi da reprodukuje božanski plan sveta da bi postojao: tamo gde monoteizam odnosi pobedu, porodica reprodukuje nebeski poredak. Jedan Bog – koji se još zove i Bog Otac; Otac, opet, zajmi njegove atribute kako bi vladao u porodici: potpuna vlast prema načelu božanskog prava, reč je utemeljenje, glagol je preformativ, on zauzima vrh hijerarhije. Par Bog i njegov narod pružaju shemu Božijeg grada, a mužjak i njegovo pleme, otac i njegova porodica, shemu čovečanskog grada.

Raspolućen, pateći zbog nedostatka, pronalazeći svoju polovinu, ponovo uspostavljajući prvobitno jedinstvo, uživajući u zadovoljstvu zbog ostvarenog stapanja, vraćajući mir kroz rekonstruisanje fiktivnog entiteta, par neće stati dok ne dopuni svoju egzistencijalnu smesu tako što će proizvesti nekoga trećeg, a onda još njih. Jezgro porodice ostvaruje plan vrste i tako omogućava ispunjenje cilja prirode.

Verujući da su se oslobodili etoloških stega, ljudi tu trivijalnu istinu skrivaju pod velom pojmova kojima se može kamuflirati sisar što još živi u njima. Ta prirodna predodređenost koja opstaje u najprimitivnijem delu neuronskog sistema istrajava i čuva punu vlast. Porodica ne veliča toliko otelovljenu ljubav dva slobodna bića svesna svojih planova, koliko kob svakog živog oblika na planeti.

3

Asketski kodeks. *A priori*, aktivna želja pokreće ogromnu protivdruštvenu silu. Pre nego što bude uhvaćena i pripitomljena u oblike koji se predstavljaju kao društveno prihvatljivi, ona je energija opasna po uspostavljeni poredak. Pod njenom vlašću više nije važno ništa od onoga što čini socijalizovano biće: ustanovljeni raspored časova koji se ponavlja, smotrenost u postupanju, štedljivost, poslušnost, pokornost, dosada. Od tada odnosi pobedu sve što mu se suprotstavlja: potpuna sloboda, vladavina hira, opšta nesmotrenost, razbacivanje, nepokoravanje važećim vrednostima i načelima, pobuna protiv vladajuće logike, potpuna asocijalnost. Kako bi postojalo i trajalo, društvo mora obuzdavati tu divlju silu bez zakona.

Drugi razlog objašnjava asketski kodeks želja i zadovoljstava: divlja volja da se uništi neverovatna moć ženskog. Mužjak brzo uči iz iskustva, a on se u pitanjima seksualnosti pokorava samo zakonima prirode. Žensko zadovoljstvo ne uklapa se dobro u prirodno varvarstvo jer traži kulturnu artificijelnost, erotizam i tehnike tela – disanje, ovladavanje sokovima, uzdržavanje, variranje telesnih radnji, itd. Ono je nepristupačno onome kome je dovoljno samo da sledi svoju prirodu. Nepristupačno i bezdano.

Nevešt, nemaran, ne mareći za predusretljivost, muškarac uživa sam i pre bilo kakve etičke konstrukcije krivice ne voli da njegova družbenica ostane na pragu zadovoljstva. Ne zbog brige za drugog, niti zbog moralne empatije s njenom frustracijom, nego iz ponosa: on u sopstvenim očima deluje nemoćno, nesposobno, kao nepotpun mužjak, kao moć koja je fiktivna, pošto nije delotvorna. Takva povratna slika, ne naročito narcistička, ranjava ponos mužjaka, te on pribegava velikim sredstvima kako bi rešio problem i spas nalazi u tome što žensku želju svodi na tačno utvrđenu meru. U tom mračnom poduhvatu ističe se judeohrišćanstvo, a islam zajedno s njim.

Strah od kastracije kod muške osobe, zatim želja društva da poravna račune sa silom koja ga osporava i dovodi u opasnost omogućava muškarcima, koji su obično zidari gradova, nacija, religija, carstava, da kodifikuju seks. Feministički kodeks libidinalnog lepog ponašanja od tog trenutka postaje zakon koji se ne sme prekršiti, i to putem čistog promovisanja muške proizvoljnosti. Moć falocentrizma i straha od kastracije...

Kako razraditi, a zatim i uvesti taj zakon? Uz pomoć religije, izvanrednog saučesnika u pitanjima gašenja libida. Ne bi li se libido vezao za jedno mesto, ograničio, odnosno ukinuo, miropomazanik – mesija, apostol, sveštenik, papa, hrišćanski filozof, imam, rabin, pastor, itd. – proglašava telo za prljavo, nečisto, a želju za krivicu, uživanje za prljavštinu, ženu neopozivo za nekoga ko čoveka stavlja na iskušenje, za grešnicu. Zatim obznanjuje rešenje: potpuna apstinencija.

Pošto se na odricanje od zadovoljstava tela gleda kao na nešto što se radi imajući za cilj duh, i pošto je postavljena veoma visoka prepreka kako bi se ubogom đavolu ulila krivica što nije kadar da se uzdigne na visinu ideala, prividno se pokazuje dobronamernost i razumevanje i predlaže se alternativa. Ako potpuno žrtvovanje tela ostane nedostižno, može se pristati, gle velikodušnosti, na delimično žrtvovanje: biće dovoljna i porodična čednost. Nju omogućava brak. Pogledajte pisanija Pavla iz Tarsa u raznim *Poslanicama*.

Rešenje koje se nalazi u povlačenju zaslužno je za to što se društvu – dakle, vrsti... – krči put za njegove planove: dozvoljavajući seksualnost samo u okviru porodice, monogamnu, osveštanu kroz hrišćanski brak, Pavle i drugi hrišćanski teoretičari ovih pitanja – crkveni oci – partnerima ostavljaju (mali) manevarski prostor i pre svega otvaraju ceo bulevar nastavljanju vrste, dakle, ovekovečenju ljudske zajednice kojom upravljaju akteri te ideologije asketskog ideala.

S vremenom plamen izvorne strasti jenjava, i zatim se gasi. Dosada, ponavljanje, zatvaranje želje (suštinski slobodarske i nomadske) u ograničavajući oblik zadovoljstva koje se ponavlja i ne menja mesto, gasi libido. U porodici, gde vreme pre svega posvećuje deci i suprugu, žena umire kad u njoj pobedu odnese majka porodice i supruga, koje iscrpljuju i troše maltene svu njenu energiju.

Ispisana jezikom navike i refrena, bračna seksualnost smešta libido u apolinijske odeljke uređenog porodičnog života u kojem *pojedinac* nestaje u korist *subjekta*. Dionis je preminuo, nastanila se seksualna beda. Tako se razbaškarila da usled društvene nužnosti, moralizatorske ideološke propagande svih vrsta, ropstvo postaje dobrovoljno i, što je definicija otuđenja, žrtva čak počinje da pronalazi zadovoljstvo u odricanju od sebe.

II

LIBERTARIJANSKI LIBIDO

1

Lagani eros. Ne bismo li ukinuli tu seksualnu bedu, završimo s izopačenim logikama koje je omogućavaju – želja kao nedostatak; zadovoljstvo povezano s ispunjenjem tog navodnog nedostatka kroz stapanje u par; porodica koja više ne predstavlja prirodnu nužnost i pretvorena je u rešenje za libido na koji se gleda kao na teškoću; zagovaranje monogamnog, vernog para koji svakodnevno deli isti dom; žrtvovanje žena i ženskog u njima; deca kao ontološka istina *ljubavi* među roditeljima. Rad na prevazilaženju ovih fikcija, društveno korisnih i neophodnih ali kobnih po pojedince, doprinosi građenju laganog erosa.

Za početak, razdvojmo ljubav, seksualnost i prokreaciju. Pošto hrišćanski moral brka te tri instance prinuđeni smo da partnera u seksualnom odnosu volimo u nameri da napravimo dete. Dodajmo da ta osoba ne sme biti u prolaznoj vezi, nego muž propisno oženjen i isto tako propisno udata dama! U protivnom, to je greh.

Napredovanje običaja zajedno s napredovanjem nauke omogućavaju istinsko ovladavanje plodnošću uz pomoć kontracepcije. Očigledno, Crkva je zabranjuje, jer omogućava prvo revolucionarno razdvajanje: seksualnost radi zadovoljstva bez straha od začeća koje će biti doživljeno kao kazna. To je slobodno raspolaganje svojim libidom radi ludičkih, a ne nužno porodičnih kombinacija. Nevirtovom zakonu dodajmo zakon Vejl[1] koji omogućava dobrovoljan prekid neželjene trudnoće. I to je prava revolucija.

Druga isto tako radikalna etapa morala bi učiniti mogućom seksualnost bez ljubavi koja ide s njom – ako ljubav definišemo kao osećanje obnarodovano zato da bi se prirodna nužda gurnula u senku i prikrila aparatom vernog monogamnog para koji zajedno živi. Razdvajanje od ljubavi ne isključuje postojanje osećanja, privrženosti ili nežnosti. Ne želeti doživotnu obavezu u dugotrajnoj vezi ne sprečava nas da damo obećanje ljubavne nežnosti. Seksualni odnos ne teži proizvođenju posledica u bližoj ili daljoj budućnosti, nego punom uživanju u čistoj sadašnjosti, proživljavanju veličanstvenog trenutka koji treba iscrpeti sada i ovde u njegovoj kvintesenciji.

Nema potrebe da se seksualni odnos opterećuje ozbiljnošću koja *a priori* ne postoji. Između bestijalne nevinosti, nedoslednosti banalizacije putene razmene i preobražavanja seksualnog čina u operaciju natopljenu moralizmom ima mesta za novu laganu, blagu i nežnu intersubjektivnost.

Tradicionalni teški eros odnos obeležava nagonom smrti i onim što iz njega proističe: ustajalost, nepomičnost, sedelaštvo, nedostatak maštovitosti, ponavljanje, ritualizovane

---

[1] Na predlog poslanika Nevirta francuska skupština je 1967. godine izglasala zakon kojim se kontracepcija dozvoljava, ali troškovi nisu pokriveni zdravstvenim osiguranjem. Abortus je ostao zabranjen sve do uvođenja zakona koji je predložila poslanica Simon Vejl 1975. godine. – *Prim. prev.*

navike bez mozga i sve što je entropija. Naprotiv, laki eros, vođen nagonom života, želi kretanje, promenu, nomadstvo, delanje, premeštanje, inicijativu. U grobu ćemo uvek imati dovoljno ništavila da ponudimo obol nepomičnosti.

Konstruisanje lakih erotskih situacija određuje prvi stupanj ljubavne veštine dostojne tog imena. Ona pretpostavlja stvaranje polja vibracija atoma u kojem lebde sićušne percepcije simulakruma. Od Demokrita do savremene neurobiologije preko Epikura i Lukrecija samo logika čestica može razbiti u paramparčad fantazam platonovskih ideja o tom pitanju.

Opredeljivanje za čist trenutak ne isključuje njegovo udvajanje. Ponavljanje trenutaka doprinosi stvaranju dugotrajnosti: ne počinjati od kraja, ne kladiti se na završetak priče, nego praviti deo po deo. Na taj način se trenutak lako može zamisliti kao laboratorija budućnosti, njen lonac za topljenje. Trenutak ne funkcioniše kao cilj po sebi, nego unutar arhitektonskog trenutka mogućnog kretanja.

2

Samačka mašina. Moja definicija samaštva ne pokriva uobičajeno značenje bračnog stanja. U mojim očima, samac ne živi nužno sam, bez družbenika ili družbenice, bez muža ili žene, bez stalnog partnera. Po meni je to mnogo pre onaj ko, čak i ako se nalazi u nekoj priči za koju bi se reklo da je ljubavna, čuva pravo na svoju slobodu i koristi ga. Taj lik je neko kome je njegova nezavisnost draga i ko uživa u svojoj suverenoj autonomiji. Ugovor u koji ulazi nije neograničenog nego ograničenog trajanja i može se obnavljati, svakako, ali ne nužno.

Izgraditi sebe kao samačku mašinu u sopstvenom odnosu u paru omogućava pojedincu da što je više moguće ukloni entropiju konsupstancijalnu stapanju u par. Ne bismo li izbegli shemu *ništa, sve, ništa*, vrlo često svojstvenu lošim, nikako ili tek donekle izgrađenim, življenim iz dana u dan, guranim svakodnevicom, klimavim promašenim pričama, čini mi se da je privlačnija konfiguracija *ništa, malo više, mnogo*.

Ništa, sve, ništa je shema svojstvena vladajućem modelu: postojimo razdvojeni, ne znamo jedno za drugo, srećemo se, prepuštamo se prirodi odnosa, drugi postaje sve, neophodan, mera našeg bića, merilo naše misli i postojanja, smisao života, partner u svemu, i u najmanjim sitnicama, pre nego što, nakon što entropija proizvede svoj učinak, postane smetnja, gnjavator, smor, dosadnjaković, onaj ko nam ide na živce i na kraju postane treći koga treba izbaciti – pomoću razvoda, i nasilja koje ga vrlo često prati – i ponovo bude ništa – neko ništa u kojem je ponekad sadržano i malo mržnje...

Raspored *ništa, malo više, mnogo* polazi s istog mesta: dva bića uopšte ne znaju za postojanje onog drugog, sretnu se, a zatim grade na načelu laganog erosa. Od tada se iz dana u dan razrađuje pozitivnost koja određuje ono *više* - više bića, više širenja, više radosti, više stečenog spokojstva. Kad ceo niz tih *više* dozvoli da se dođe do stvarnog zbira, pojavljuje se *mnogo* i određuje vezu kao bogatu, složenu, razrađenu na nominalistički način. Naime, ne postoji nikakav drugi zakon osim zakona odsustva zakona: postoje samo posebni slučajevi i potreba svakog da gradi prema planovima koji odgovaraju njegovoj idiosinkraziji.

Samac se razvija u slučaju ove druge slike. *Modus operandi* samačkih postupaka odbacuje stapanje. Gnuša se najavljenog nestanka dvoje ljudi u nekom trećem obliku, treće sile koju je sublimisala ljubav. Najčešće se poricanje ne dotiče oba učesnika u paru, nego jedan od njih podlegne, u skladu sa zakonima etologije, pred onim jačim, nadmoćnijim, ubedljivijim – ne nužno onim za koga bismo to pomislili.

Stapanje pojedinačnosti ne traje duže nego ono što omogućava uskraćivanje. Ponekad, shodno zgusnutosti neuroze, bovarizam funkcioniše celog života... Ali, kad u sitnim pojedinostima svakodnevnog života iza anegdote i onog infinitezimalnog koje se tiče suštinskog, stvarnost redovno potkopava platonovsku pojmovnu građevinu koja tradicionalnom paru služi kao osnova, jednoga dana otkrijemo da je taj kip div na glinenim nogama, fikcija koju održava samo potreba da se veruje u priče za decu. Tada sve prelazi u ništa.

3

Metafizika sterilnosti. Lik samca ide zajedno sa stvarnom metafizikom doborvoljne sterilnosti. U stvari, teško možemo videti kako bi subjektivnost koja ljubomorno čuva svoju slobodu mogla sačuvati autonomiju, nezavisnost, samu sposobnost da dela, čak i ako to ne čini, ukoliko nosi teret deteta na plećima (ovaj izraz zgodan je za očaravanje...) Utoliko pre ako ih je više.

Fiziološka mogućnost da se začne dete ne obavezuje da se pređe na delo – baš kao što ni moć da ubijemo nikako ne stvara obavezu da počinimo ubistvo. Ako priroda kaže: "Možete", kultura ne dodaje nužno: "Morate." Jer, porivi, nagoni i želje se mogu podvrgnuti analitičkom šablonu razuma. Zašto praviti decu? U ime čega? Da bi se uradilo, šta? Kakvo opravdanje imamo da iz ništavila izvučemo biće kojem u krajnjoj liniji ne nudimo ništa osim kratkog proputovanja preko ove planete pre povratka u ništavilo odakle je i došlo? Začinjanje u velikoj meri proističe iz prirodnog čina, iz logike vrste kojoj se slepo pokoravamo, a takav metafizički i stvarno težak zahvat morao bi zavisiti od razumnog, racionalnog, informisanog izbora.

Jedino samac koji nadasve voli decu vidi dalje od vrha svog nosa i odmerava posledice toga što će na kaznu života osuditi neko nebiće. Da li je život toliko izvanredan, radostan, srećan, razigran, poželjan, lak da bismo ga poklonili čovekovim mladuncima? Treba li voleti entropiju, patnju, bol, smrt koje ipak nudimo u tom tragičnom ontološkom poklon-paketu?

Dete koje nije tražilo ništa ima pravo na sve, naročito na to da se o njemu brinemo, totalno, apsolutno. Vaspitavanje nije uzgajanje – kao što pretpostavljaju oni koji govore o *gajenju dece*. To je pažnja posvećena u svakom trenutku, svakom času. Neuronsko obučavanje, neophodno da bi se izgradilo biće, ne dozvoljava ni minut nepažnje. Biće možemo razoriti ćutanjem, odloženim odgovorom, uzdahom, a da to i ne primetimo, umorni od svakodnevnog života, nesposobni da vidimo da se za biće koje se oblikuje ono suštinski važno ne odigrava s vremena na vreme, nego stalno, bez predaha.

Potrebno je mnogo naivnosti i nedoslednosti da bi se čovek posvetio oblikovanju nekog bića kad često, previše često ne raspolaže čak ni sredstvima da izvaja sebe ili da izgradi sopstveni par u obliku koji odgovara njegovom temperamentu. Frojd je, međutim, upozorio: šta god radili, vaspitavanje je uvek neuspelo. Jedan pogled na biografiju njegove ćerke Ane i te kako mu daje za pravo!

Dete dobijeno u porodici neopozivo spaja oca i majku. Već i vrapci pod strehama znaju: muž (ili žena) može prestati da voli svoju ženu (ili muža), a ona (on) ipak jednom za svagda ostaje majka (ili otac) njihove dece. Zbrka između žene, majke i supruge – isto je tako i s rasporedom muškarac, otac, muž – u klasičnom paru nanosi nepopravljivu štetu deci kad se taj raspored jednom rasturi. Rađanje dece postavlja novu zamku koja onemogućava lagani eros i osuđuje na težinu erotike u službi nečeg višeg od nje, to jest, društva.

Ne postoji, kao što često čujem, alternativa koja egoizam onih koji odbijaju da imaju decu suprotstavlja velikodušnosti spremnoj na deljenje onih potpuno posvećenih samopregoru, nego i s jedne i s druge strane postoje samo bića koja nalaze sopstvenu korist u tome što će postupati onako kako postupaju. Egoizam roditelja koji idu svojim putem jednak je egoizmu onoga ko je izabrao dobrovoljnu sterilnost. Ja, međutim, verujem da samo istinska ljubav prema deci daje dopuštenje da se ona prave...

III

TELESNA GOSTOLJUBIVOST

1

Erotski ugovor. Tačno je da postoji logika nagona, strasti i poriva. Svi to znaju, osetili su, videli i iskusili. Međutim, može se, nešto ređe, naći i erotski um kadar da vaja blokove divlje energije. On omogućava da čovek ne prepusti prirodi da brutalno deluje i pretvara ljude u životinje podređene čistoj fatalnosti, potpuno određene bezumnim zakonima. Erotska kultura obrađuje prirodni seks i stvara etična artefakta, estetske efekte, radosti neviđene u džungli, štali ili jami.

I ovde, kao i drugde u etici – videti prethodno – ugovor određuje intelektualni, civilni, građanski i politički ugovor i dozvoljava da se razreši problem prirodnog nasilja. U prirodnom seksualnom stanju – etologija o tome svedoči – postoje samo teritorije koje obeležavaju žlezde, demonstracija sile, borbe mužjaka za vlast nad ženkama, nadmoćni i podređeni položaji, horde koje nasrću na najslabije, uništavanje najneprilagođenijih, feudalno uživanje nadmoćnog mužjaka sve dok neki mlađi, jači, odlučniji ne dođe na njegovo mesto...

Nema erotizma u stadu, čoporu ili bilo kakvom sličnom rasporedu. Naprotiv, svako intelektualno izgrađeno mikrodruštvo to omogućava. A formula koju uvodi hedonistički ugovor uspostavlja uljuđenu teritoriju dva bića – barem dva – kojima je stalo da izgrade svoju seksualnost u skladu s poretkom svojih urazumljenih prohteva, uz pomoć jezika osposobljenog da tačno izrazi modalitete onoga na šta se obavezuju. Ugovor zahteva datu reč, dakle, potreban mu je određen stepen uređene civilizacije, tačno utvrđena podešenost, ako ne i izvesna izveštačenost.

Izvesno je da ta idealna etička i estetska konfiguracija pretpostavlja postojanje odgovarajućih ugovornih strana. A to znači: da budu nedvosmisleni povodom svoje želje, ni prevrtljivi ni varljivi, da ne oklevaju, da ih nimalo ne muče protivrečnosti, da su rešili svoje probleme i da ne vuku za sobom svoje neusklađenosti, nedoslednosti i iracionalnosti. Šta je svojstveno onim prvim ličnostima? Da stalno izneveravaju zadatu reč, da menjaju mišljenje i imaju koristoljubivo, selektivno pamćenje, sklonost blagoglagoljivom izvrtanju reči kako bi opravdali svoju prevrtljivost, besprekoran talenat da ne rade ono što govore i da rade suprotno od onoga što najavljuju. S takvim građanima nikakav ugovor nije moguć. Čim ih otkrijete, sklonite im se s puta...

Naprotiv, kad smo izabrali osobu za koju jezik nije izbačen iz opticaja, ugovor postaje moguć. Njegov oblik? Pravnici ga nazivaju uzajamno obavezujući ugovor: odustajanje jedne strane smesta ga poništava u slučaju nepoštovanja klauzula. Njegov sadržaj? Prema izboru i volji zainteresovanih strana: nežna igra, izgledi za ludičku erotiku, ljubavna kombinatorika, slagalica koja će trajati, obećanje za jednu noć ili za ceo život, svaki put odnos po meri.

Niko nije obavezan da sklopi ugovor, niko nije prinuđen na njega. Naprotiv, kad se ugovor zaključi, nema nikakvog razloga da se od njega oslobodimo, osim u slučaju da drugi ne poštuje njegove klauzule. Od tog trenutka, vernost dobija drugačiji smisao u slučaju laganog erosa nego u slučaju teškog erosa. Ovi drugi očekuju: uživanje u golom posedovanju tela drugog; oni prvi misle: poštovanje date reči. Neverstvo je samo neverstvo u odnosu na zakletvu vernosti. Ko se na to nije zakleo, ne može prekršiti zakletvu. Naime, pošto brak, i religiozni i građanski, nosi sa sobom tu vrstu obavezivanja, bilo bi pametno znati čemu kažemo "da" kad izgovaramo taj kobni performativ.

Otuda postoji interes da ne ugovaramo više nego što možemo ispuniti. Sadržaj ugovora ne sme prevazilaziti etičke mogućnosti onoga ko pristaje. Kakve logike ima, na primer, obećavati "uzajamnu vernost i pomaganje" i ono "u dobru i u zlu" – što su formulacije iz Građanskog zakonika – za ceo život? I sve to ne uključuje i religiozne pridike koje do mile volje neskromno obavezuju na veki vekov i preko toga...

U ovoj priči vernost je pre svega stvar između ja i ja. Sloboda izbora pretpostavlja obavezu da se tog izbora držimo. Tako stvoreno dobro odstojanje tiče se mene i drugog isto koliko i onog dela u meni koji se obavezuje i onoga koji odmerava stepen odanosti sebi. Ono stvara uslove za skladnu intersubjektivnost na jednakom odstojanju od preteranog stapanja i prevelike samoće, u spokojstvu ataraksičnog odnosa.

2

Ludičke kombinacije. Ugovor je onoliko bogat koliko se u njega uloži. Prazan je ako se ne hrani, pun ako se obogaćuje obećanjima sreće. Ne bi li se izbegli ukalupljeni odnosi platonovskog prijateljstva, ljubavi koja je obično knjiška, ljubakanja sa sluškinjama, buržoasko neverstvo, tarifirane usluge, neizbežni potajni trougao i druge prizemne banalnosti, prizovimo nominalistički eros. A to je?

Ludička kombinacija čak najbolje može ostvariti fantazme u okviru ugovorne logike: tako, kada De Sad smišlja svoje libidinozne zamkove, ostaje u okvirima feudalne logike. Gospodar uzima, zloupotrebljava, troši, uništava, ubija prema sopstvenom nahođenju. Nikad nema ugovora, postoji samo pomamna scenska postavka razvrata u Prirodi. Naprotiv, kad Mišel Fuko određuje sadomazohizam kao etiku blagosti, ilustruje taj novi tip dobrovoljne intersubjektivnosti.

Kombinatorička veština laganog erosa ima više veze s Furijeom koji u svom falansteru pokušava da učini mogućim svaki lični fantazam: dovoljno je formulisati ga, potražiti družbenicu, saučesnicu, i biće po meri izgrađena još neviđena povest nekog erotskog hira: kako bi imenovao to neviđeno, Furije kuje neologizme: luksizam, angelikat, fakirat, uniteizam, bajaderat; on određuje nove strasti: leptirastu, stožernu; pravi teoriju orgija: plemenita, muzejska, itd.; proširuje obim seksualno mogućnog i uključuje decu, starce, nakaze, bogalje; slavi sveopštu prostituciju, ljubav na kvadrat; razvrstava rogonje: transcendentni ili potuljeni, rogati ili antedatirani, oni koji su to postali kao apostate ili zato što ih je nužda naterala, dobričine ili razmetljivci – i s gotovo stotinak značenja... itd. Predlaže – što je naslov njegovog glavnog dela o toj temi – *Novi ljubavni poredak*.

Jedini Furijeov nedostatak jeste to što je hteo da organizuje hedonističko društvo. Sa stanovišta "pojedinaca koji postaju revolucionarni" koje je otvorio Delez, manje se postavlja pitanje izgradnje nekog zatvorenog, statičnog društva koje nagoveštava logor, pa makar i logor zadovoljstava, a više da ulože mogućnosti u nevidljive prostore koje je čovek sam stvorio imajući u vidu slobodan ugovor. Da žele dinamičnu, nomadsku ludičnost alergičnu na bilo kakvu okamenjenost koju nameće društvo.

To erotsko bogatstvo podrazumeva mnoštvo ličnosti: to je ključna pouka. Nijedno biće ne može samo da odigra sve te uloge u narečenom trenutku i da to bude savršeno otelovljenje ideala. Klasični par misli da drugi u sebi sažima sve mogućnosti: istovremeno i dete i učitelj, otac i sin, snažan i krhak, zaštitnik i izložen, prijatelj i ljubavnik, vaspitač i brat, muž i čuvar tajni – a isto je i u ženskom rodu. Kako bi jedna jedina osoba mogla odigrati dobru ulogu, pravu ulogu u odgovarajućem trenutku? Koještarije...

Ne bi li te ludičke kombinacije bile moguće, podrazumeva se da su potrebni različiti partneri. Niko ne može sam da se kreće prema načelu Boga: sveprisutnost, mnogostruka delotvornost, plastičnost strasti, polimorfnost sentimenata. Svako daje ono što može: blagost, lepotu, inteligenciju, raspoloživost, nežnost, posvećenost, strpljenje, saučesništvo, erotizam, seksualnost, neku mešavinu, niz, neverovatne sklopove, i sve su to nominalističke stilske figure.

Ta mikrodruštva po izboru, erotična, ne dobijaju ništa ukoliko postanu vidljiva oku javnosti. Uzdržana kad već nisu tajna, ona postaju utoliko delotvornija ukoliko se ne izlažu moralizatorskom sudu onih koji bi i pored nedostatka hrabrosti, vrednosti, temperamenta, mašte, smelosti, poželeli takvu erotsku raznovrsnost, ali u tome ne uspevaju, i prema načelu starom koliko i svet pljuju po onome što ne mogu i ne umeju da dostignu. Nema potrebe pružati im priliku za lažno moralisanje kojim se u stvari prikriva uvređenost.

Uzdržanost ima još jednu prednost, ona sprečava ljubomoru – taj dokaz naše nepobitne pripadnosti životinjskom carstvu, očigledni dokaz etološke istine – da pustoši odnose u kojima malo kulture pruža mnogo erotizma. U klasičnom rasporedu niko ne može da pristane na radost drugog ako ona ne prolazi kroz njega, pošto se tako stiče utisak da isključeni partner nema moć da pruža radost koja se može naći kod nekog trećeg. Ne bi li se izbegla ljubomora, bolje je ne dolaziti u situacije u kojima ćemo morati da je osetimo... Uzdržanost kad sam ja u pitanju obavezuje me da odbijem svaku neuzdržanost kad je u pitanju drugi.

3

Libertenski feminizam. Logika libertarijanskog libida, volja za lagani eros, slavljenje samačke mašine, metafizika sterilnosti, hedonistički ugovor, ludičke kombinacije koje treba da odrede postmoderno libertenstvo ne smeju ostati predlozi muškaraca na koje bi žene trebalo da pristanu. To bi u protivnom značilo doprineti seksualnoj bedi i čak bi je u značajnoj meri uvećalo.

Libertenstvo je etički oblik koji preuzima boju epohe u kojoj se ispoljava. Kineska ili grčka, etrurska ili rimska verzija, odnosno, u istoj geografskoj zoni, na primer, Evropi, feudalni, klasični, moderni, postmoderni modusi pokrivaju raznorodan i ponekad protivrečan skup. Šta imaju zajedničko ti različiti istorijski trenuci? Želju za filozofskom ataraksijom, dakle za polnim i seksualnim odnosima koji su najmanje kadri da ugroze egzistencijalnu ravnotežu stečenu kroz rad na sebi. Lagani eros potiče od dijetetike koja teži filozofskom stanju libidinalnog spokojstva.

I kako sad promišljati libertenski feminizam? Ili čak žensko libertenstvo? Idelano bi bilo da Don Žuan kao epitet više ne bude vrednovanje za muškarce, a da se pri tom za žene s omalovažavanjem najčešće govori nimfomanka. Naime, postoji duboka nepravda u činjenici da se za određivanje muškaraca s laganim erosom koristi ime koje potiče iz književnog registra, a da se poteže rečnik psihijatrije kako bi se imenovala potpuno ista sklonost s ženske strane.

Kako bismo okončali s feudalnim libertenstvom koje ostavlja lepo mesto za muškarce a žene pretvara u plen koji će biti izložen na platnu što prikazuje scene iz lova, predložimo postmoderno, ravnopravno, pa i feminističko libertenstvo. Jer, feminizam je od početaka dugo održavao seksističku mržnju kao odgovor na mržnju muškaraca. U stvari, reprodukovao je klasnu borbu na terenu polova. Koristan zbog svoje dijalektičke uloge prebacivanja težine na drugi tas vage, taj feminizam mi se čini prevaziđen.

Kad književnost bude proizvela ženski ekvivalent Kazanove, Don Žuana, i kad to lično ime postane imenica koja uvećava vrednost osobe na koju se odnosi, moći ćemo da govorimo o istinskoj jednakosti. Međutim, taj put izgleda duži onima koje, ne bi li to postigle, moraju da se oslobode tiranije prirode što njihovu biološku predodređenost pretvara u sudbinu. Kako bi postala žena, priroda i majka moraju da ustupe mesto artefaktu, kvintesenciji civilizacije. Izgledi su uzbudljivi, ispunjavaju oduševljenjem i radošću...

# ČETVRTI DEO
KINIČKA ESTETIKA

I

LOGIKA ARHIPELAGA

1

Revolucija gotovog proizvoda. Prepredenjaci što trguju filozofijom zauzevši busije za svojim estetičkim puškarnicama kao da veruju da je moguća istorija umetnosti... pod uslovom da se istorijom ekonomiše! Raspravljaju o pojmovima van bilo kakvog konteksta i raspredaju, poput kakvih savremenih zaostalih Platona, o Lepom po sebi, o suštini Lepog, o neizrecivo Lepom, ili o Lepom kao preonosniku transcendentnog, čak i kao o dokazu njegovog postojanja. Malo nedostaje pa da prizivaju Boga koga inače dobro paze da ne dovedu u pitanje, toliko je njihova shema nadahnuta tom filozofskom površnošću.

Oni najreakcionarniji – u etimološkom smislu – ili u najboljem slučaju najkonzervativniji, udruže se s dvojicom--trojicom koji se smatraju za intelektualnu avangardu po tom pitanju. Medijski pajaci odlaze na iste estetičke piknike kao i slavni autori od poverenja ubeđeni da im to što su nepoznati jamči da su nesagledivo duboki. Ali, cela zbirka neologizama, blagoglagoljive bujice o neizrecivom, neiskazanom, nesaopštivom, skrivenom i drugim tričarijama negativne teologije samo je banalno autističko i solipsističko zamajavanje a nikako ne *analiza* u valjanom obliku.

Međutim, umetnost živi *od* istorije, *u* njoj i *za* nju. Kako poreći tako očiglednu stvar! Ona izmiče esencijalističkom shvatanju zato što je upletena u tvar sveta. Otuda napredovanja, uzmicanja, lomovi, ćorsokaci, usporavanja, prevrati. A u početku svega toga, ili u izvedenim posledicama, imena, lica i potpisi. Tako, Lepo proističe iz neke istorije i mnoštva određenja, ponekad čak protivrečnih u odnosu na istoriju i geografiju. Protivno Kantu, ono ne određuje nešto što se dopada univerzalno i van pojma, nego nešto što dotiče pojedinačno i s pojmovima.

Istorija umetnosti podrazumeva epistemološke lomove koji deluju: ono što priprema neki pokret, struju, ono što ih ostvaruje, prenosnik te dijalektike, efekti, posledice, najbolje i najgore, prevazilaženje, očuvanje, trag trenutka, njegovo upisivanje u neko dugo vreme, sve je to važno. Svaki pojedinačni trenutak doprinosi opštem kretanju. Lepo ne postoji za čoveka iz Laskoa. Naprotiv, ono za Baumgartenovog savremenika znači, pre nego što postane sastavni deo pamćenja za pokolenja nakon Marsela Dišana.

Prvi *ready-made* – prevešću to kao *Gotov proizvod*... – imao je dejstvo varnice koja je zapalila celu estetičku ravnicu. Lakrdija? Šala? Klinačka provokacija? Anarhistička subverzija? Zafrkancija dokonog nesposobnjakovića? Možda i sve to, ali pre svega pravi državni udar u malom uljuđenom svetu umetnosti koji je tako okrenuo veliki list u svojoj istoriji umetnosti: umetnosti hrišćanskog Zapada. Otvara se novo poglavlje: savremena umetnost. Savremenom umetnošću, dakle, nazivam onu koja je usledila za prvim Gotovim proizvodom.

Kakvu pouku daje taj prevrat? Nema istine umetničkog dela i Lepog same po sebi, postoji samo relativna istina koja zavisi od sticaja okolnosti. Umetnost ne potiče iz inteligibilnog sveta, nego iz opipljive konfiguracije, sociološkog rasporeda. Kant se sklanja i ustupa mesto Burdijeu... Gotov proizvod, izrađen, iznet iz skladišta i izložen na mestu koje propisuje šta je estetički sadržaj činjenično postaje umetnički predmet. Umetnikova intencija stvara delo, ona čak ponekad može biti dovoljna da bi ono bilo uspostavljeno...

Svemu tome dodajmo i dve značajne propozicije: s jedne strane, posmatrač pravi sliku; s druge, sve može poslužiti kao estetički materijal. S jedne strane, umetnik stvara, naravno, ali gledalac isto tako mora prevaliti pola puta kako bi bila pređena cela estetička putanja: tako se rađa posmatrač-umetnik; s druge, nestaju plemenite materije u korist materijala, plemenitih ili prostih, trivijalnih ili dragocenih, materijalnih ili nematerijalnih, itd.

2

Smrt Lepog. Dišanov čin utemeljenja pridružuje se bogoubistvima, tiranoubistvima, i drugim ontološkim oceubistvima. Još od Platona sve je duži spisak sledbenika koji, hrišćanski spiritualisti, nemački idealisti i drugi negativni teolozi, prežvakavaju litanije o Lepom koje se oslobodilo tela, odvojilo od stvarnog sveta, živi poput ideja o Istinitom, Dobrom, Pravičnom i drugih fikcija bez obaveze da se otelove. Dugo je, dakle, predmet polagao račune Ideji: u odnosu na apsolutnu lepotu, da li je dalji ili bliži uzoru? U slučaju da je daleko: ružnoća; u slučaju da je blizu: lepota.

Čuvena Platonova teorija o učestvovanju toliko se oslanja na tu meru da ekonomiše refleksijom o legitimnosti sudije da sudi: otkuda onaj ko odlučuje i proglašava lepotu i ružnoću dobija nadležnost u suđenju? Upravo od društvene grupe koja izdaje dozvole – od srednjovekovne i renesansne Crkve, flamanskog Građanina u Velikom veku, od evropskih Monarhija, od kapitalističke Države iz vremena industrijske revolucije, danas od američkog Slobodnog tržišta... Nema tu ničeg previše idealnog ili platonovskog!

Sud mondenog ukusa potiče od određene sociološke, političke, istorijske, geografske mreže, a ne od nekakve konceptualne teologije koja Lepo koristi kao zamenu za ikonu u civilizaciji koja Boga i religiju ne ceni mnogo. Jer, Bog i Lepo stoje u odnosu podudarnosti: ono što je tvar jednog, obično je i tvar onoga drugog. Istovetne konzistencije, slične logike, uporedive nevidljivosti, od umetnosti često tvore zamenu za religiju ili njenog saveznika, mada je njen registar radikalno imanentan. Nestvoreni, neiskvarljivi, nedostupni čistom, makar i dobro vođenom razumu, večni, besmrtni, nepromenljivi, nepropadljivi, nepromenljivi, Lepo i Bog zajedno vode svoje poslove.

Dišan dovršava ničeovski zločin: posle smrti Boga, koja znači i smrt Dobra, pa time i Zla, ali i Lepog – Niče je to očigledno naglasio u nekim odlomcima *Volje za moć* – stupamo u svet imanentnog, u stvarno sada i ovde. Ispražnjeno nebo omogućava da zemlja bude puna. Počev od tog čina utemeljenja, Marsel Dišan kreće u pravcu *deteologizacije* umetnosti u korist *rematerijalizacije* njenog namerenja. Tako stvorena iznenadna i neposredna vitalnost ostaje bez premca u celoj istoriji umetnosti.

Ipak, taj prevrat nije se završio nihilizmom, gubljenjem pravca ili pojmovnim zastranjenjima. Naprotiv. Jer, od sad čuvena *Fontana* stvara novu paradigmu koja dvadeset i pet vekova estetike sklanja među ono dovršeno, okončano. Umetničko delo postaje *cosa mentale* više nego ikad. Ono prestaje da bude Lepo i od tog trenutka nosi veći teret Smisla u koji treba proniknuti. S tim epistemološkim lomom narasta aspekat zagonetke u svakom predmetu.

3

Arheologija sadašnjice. Dišanov estetički puč trajno je razbio polje umetnosti. Stil koji je bio određenje epohe razbijen je u paramparčad zarad stilova koji, paradoksalno – što je lukavstvo uma – čine Stil ponovo stvorene modernosti. Dugi periodi praistorijske umetnosti ostavljaju prostora za procvat kratkotrajnih perioda, koji ponekad nestanu čim budu rođeni. Pet hiljada godina praistorije čine jedan period, baš kao i samo jedna godina *B. M. P. T.*[1], tri godine *Kobre*[2] ili *Novog realizma*[3]. A da i ne govorimo o ovom ili onom pokretu koji je trajao samo koliko neka izložba...

---

[1] B.M.P.T. naziv grupe izveden iz početnih slova imena osnivača, Danijela Birena, Olivijea Mosea, Mišela Parmentjea i Nijele Toroni. Od decembra 1966. do decembra 1967. organizovali su četiri izložbe pod nazivom „Manifestacija – 1 – 2 – 3 – 4".
[2] Kobra ili KoBrA je umetnički pokret koji je trajao od 1948. do 1951. godine. Nastao je kao reakcija na „apsurdnu raspravu" između apstrakcije i figuracije. Naziv je akronim izveden iz imena gradova Kopenhagen, Brisel i Amsterdam, iz kojih su poreklom bili njegovi osnivači. – *Prim. prev.*
[3] Grupu Novi realisti osnovali su slikar Iv Klein i likovni kritičar Pjer Restani 1960. godine, prilikom prve kolektivne izložbe francuskih i švajcarskih umetnika u galeriji Apoliner u Milanu. Postojala je do 1970. godine.

Brzina i ubrzanje svojstveni su XX veku: zalet, preobražaj starog, sporog vremena u hipermoderno, vrtoglavo, munjevito vreme. To skraćivanje trajanja stvara teskobu, grozničavost, mahnito uzbuđenje. I haos kojim se, pošto nema ontološkog kompasa, hrani nihilizam. Staro geološko ili vergilijevsko vreme, vreme prirode, ustupa mesto savremenom, virtualnom i računarskom vremenu koje zna samo za čistu sadašnjost.

Ta strašna eksplozija stvara nagli porast energije. Jedni prelaze puteve, drumove, autoputeve. Drugi se zaglave u ćorsokaku. Ovde, neka nova bogata estetička mogućnost, koja traje, razvija se i proizvodi lančane reakcije; tamo, neuspela iskustva, neposredno vidljive negativnosti. Blagoslovimo to bogatstvo mogućnosti, jer Dišanova revolucija, ukidajući carstvo jednoglasja i otvarajući cartsvo mnogoglasja rađa obilje pre nego nemaštinu. I odista, u tom množenju ono najbolje ide ruku pod ruku s najgorim, remek-delo stoji rame uz rame s mazarijom.

Od tog trenutka suđenje ukusa o umetnosti koja se stvara ne prolazi bez izlaganja opasnosti. Kad nema odstupnice, vidik je zamagljen i nestaje kako vreme protiče i kako postaju jasniji obrisi kretanja. Kartografija koja jasno ocrtava umetnički vek izrađuje se strpljivo, u sporom vremenu koje odoleva silama ubrzanja.

U toj Vavilonskoj kuli gnezde se nove estetičke mogućnosti, naravno, ali i etičke, političke, ontološke, metafizičke. Jer, umetnost pruža matricu za egzistencijalne revolucije. Estetika igra veliku ulogu u uspostavljanju novih znanja izvan nje same. Njen registar nije registar ideološke superstrukture, nego menatlne infrastrukture za sve delove društva. Nasuprot buržoaskom shvatanju koje pribegava transcendentnom Lepom kako bi što bolje uništilo izvanredni revolucionarni potencijal umetnosti, otkrijmo kakve nam imanentne prilike nudi to polje mogućnosti.

Ta ista Vavilonska kula u isti mah čuva i otpatke: negativnost tog živog zahvata. Odista, tu nalazimo simptome i znakove nihilizma našeg doba. Intelektualna i kulturna beda tog vremena pokazuje se i u brojnim savremenim estetičkim propozicijama. Ako hoćemo da branimo savremenu umetnost, izbegavajmo da u gomili slavimo ono za šta je potrebno strpljivo popisivanje zaostavštine: razdvajanje veličanstvene pozitivnosti od negativnosti otpada. Odbrana aktivne sile, odbijanje reaktivne sile. Otuda, i neka vrsta sudske medicine.

II

PSIHOPATOLOGIJA UMETNOSTI

1

Nihilistička negativnost. Galerije savremene umetnosti često s uživanjem izlažu mane našeg doba. Zašto bismo izloženo morali voleti ono čega se gnušamo izvan ograđenog umetničkog prostora – danas osveštanog onako kako su to dugo vremena bila sveta mesta religije... Kako da objasnimo tu šizofreniju: izvrgavamo ruglu liberalni kapitalizam, bljujemo vatru na vladavinu tržišta, borimo se protiv američkog imperijalizma, a u isti mah se klanjamo simbolima, ikonama, amblemima koje je proizveo taj navodno sramni svet? Jedino time što verujemo da, prema starom aristotelovskom načelu katarze, stavljamo na odstojanje ono što nas, međutim, i dalje nagovara na negativnost našeg veka bez izgleda da se od nje makar malo odmaknemo.

Tako zvanično mesto za izlaganje savremene umetnosti često služi tome da uživamo u prizorima neuroza, psihoza i drugih tužnih strasti koje muče našu civilizaciju isto onako kako kinje i pojedinca. Naša nihilistička modernost, liberalna i tržišna – svaki od ovih epiteta funkcioniše kao sinonim – izaziva ludilo vidljivo u upotrebi predmeta, reči, stvari, tela, nematerijalnog i materijalnog. Ništa ne izmiče vladavini negativnosti: mržnja prema sebi, prema drugima, prema puti, prema svetu, prema stvarnosti, slici, životu, slavljenje rane, fekalnih materija, prljavštine, autizma, truleži, otpatka, gadosti, krvi, smrti, krika, itd.

Često, ne bi li prikrio očiglednu surovost tih simptoma, teorijski govor o umetnosti pribegava argumentu autoriteta i citata koji treba da zastraši i da simptom uvije u neki diskurs. Radi toga, deo filozofa ili mislilaca društvo je nabaždarilo da opravdavaju bedu sadržaja dela. Bilo koja plastička tričarija postaje dostojna zanimanja ako se opravda nekim citatom Deleza, nekom Gvatarijevom rečenicom, nekim pominjanjem Bodrijara, podsećanjem na Virilija ili, danas, češanjem o Sloterdijka.

Kako šuplja estetička propozicija utegnuta u haljine *tela bez organa*, zaodevena starim dronjcima pozajmljenim od *deteritorijalizovanih izliva*, obuvena u cipele *simulakruma* i s šeširom od *praznih anđela* na glavi može proći kao ono što zaista jeste: prevara? Car je go, ali šaka članova plemena koje čini savremenu umetnost – galeristi, specijalizovani novinari, hroničari po pozivu, pridružena piskarala, itd. – viče genije, pada u nesvest i uprkos golotinji razglaba o lepoti ukrasa. Često se dva-tri zaražena prolaznika pridruže horu zloupotrebljenih zloupotrebljivača.

Tom terorističkom običaju korišćenja citata kao opravdanja dodajmo i sklonost ka pretvaranju lične patologije u brutalan predmet izlaganja bez rada sublimacije dostojne tog imena. Čisto izlaganje sopstvene patologije kao samodovoljnog predmeta ništa ne vredi ako se paradoksalno ne sačuva kroz prevazilaženje koje se ostvaruje u stvaranju predmeta u koji ulaže neko treći. Bez estetske sublimacije neuroza je klinički simptom i ništa više.

Histerični egzibicionizam nije dovoljan da se stvori umetnička prilika. Da ludilo i šizofrenija mogu postati paradigma bolesnog doba, to shvatamo, ali isto tako možemo i da ne pristanemo na novo pravilo koje štićenika psihijatrijske bolnice pretvara u neprevaziđeni horizont savremenog uma. Helderlinovo, Ničeovo ili Artoovo ludilo prekida njihova dela, otvara zagrade u telu njihovih biografija, ali ne predstavlja ključ, ni metodu, ni istinu. Egotizam, autizam – egautizam... – narcistički solipsizam, glosolalija, verbigeracija[1], namerno odbijanje bilo kakve komunikacije s drugim, regresivni telesni izbor, neopravdano postaju pozitivni uzori.

2

Istrajnost platonizma. Začudo, prevrat koji je izveo Dišan nije bacio u zaborav platonovsku sklonost ideji, pojmu, inteligibilnosti. On ga je pre obnovio. Na koji način? Mogli bismo pomisliti da će revolucija u pogledu materijala dovesti do ponovnog materijalizovanja umetnosti i manjeg oduševljenja za transcendentalno, ali nije bilo tako. Taj pojam suvereno vlada, i to ne samo u registru konceptualne umetnosti. Previše često se na telo gleda kao na prepreku na putu ka istinitom u partneru kako bi se ostvario smisao.

---

[1] Poremećaj kod određenih mentalnih bolesti kao što su manije, šizofrenija, senilna demencija, koji se ispoljava kroz deklamovanje nizova nepovezanih reči, često prostačkih, uglavnom uvek istih. – *Prim. prev.*

U maltene celoj estetskoj produkciji ideja je povlašćena u odnosu na njeno čulima dostupno otelovljenje i konkretni, materijalni vid. Kič živi od toga i izražava kvintesenciju tog izopačenja: on sublimiše trivijalan, banalan, običan, prost predmet u ime poruke koju je prinuđen da isporuči. Porcelanska životinjka, gleđosana i bojena primarnim bojama izvučena iz *discount* radnje iz koje potiče uz pomoć intelektualnog miropomazanja – diskursa o njoj – postaje jedan od modaliteta estetičke istine našeg vremena. U stvari, ona mnogo pre, putem efekta ogledala, odaje do kakvog nihilizma dovodi taj otpadak savremene umetnosti koji reciklira dišanovsku robu. Intencija ima premoć nad realizacijom, koncept je važniji od percepta. Virtualno je značajnije od realnog, fikcionalno od materijalnog.

Toj religiji ideje, kako bismo bili tačniji, dodajmo i sliku istrajavanja platonizma, omalovažavanja čulnog tela koje se često predstavlja prema jevrejsko-hrišćanskom uzoru: pošto je ono prenosilac strasti, poriva, želja i neprijatnih i neugodnih vitalističkih mogućnosti, treba slomiti njegovu gordost. Od tog trenutka treba pre veličati bolnu patnju, Hristovu krv, izmučeno, uprljano, ranjeno, mučeno telo, a zatim i leš – koji se pokazuje, izlaže, proučava do tančina, fotografiše, koreografiše, jede...

Skatološki telesni otpad – mokraća, izmet – *rezidualni fiziološki otpad* – dlake, kosa, nokti, krv – *otpad čistog razuma* – glosolalije, krici, regresije, transovi, neurotične scene, psihotične teatralizacije – *otpad živog* – trulež, prljavština, leševi, utroba, kosti, ljudska mast, proteze, smeće, prašina... – *otpad ikoničke stvarnosti* – parazitsko, precrtano, pocepano, zamrljano, izgužvano – predstavljaju amblematične tvari nihilizma našeg doba koje se već odavno mogu videti u hepeninzima i performansima, na fotografijama i video-snimcima.

3

Religija robe. Spisku imena filozofa prizivanih radi intelektualnog zastrašivanja dodajmo i ime Gija Debora[1]. Zlonamerno iskrivljavanje njegovog pojma *društvo spektakla*, koji je postao mirođija u svakoj čorbi, *unutar* tržišnog sistema poziva na kritiku tržišnog sistema. Tako se nalazi opravdanje za čistu savest kolaboracionista tržišta koji, koristeći lozinku filozofije, veruju da su oslobođeni dažbina na svoje pomaganje tržišnom kapitalizmu – koji je upravo taj situacionista rastavio na proste činioce i raskrinkao u svojoj kultnoj knjizi.

Umetnička sredina dakle vrlo često postavlja na scenu predmete o kojima reklama iz svog ćoška trubi na sve strane. Ta sklonost potiče iz Fabrike Endija Vorhola koja doprinosi oreolu Amerike njegovog vremena: konzerve sa supom kembel i portreti Dž. F. K. ili Niksona, koka-kola i električna stolica, dolar, Elvis i Merilin, američka zastava, naravno... Baš kao što kraljevi i prinčevi, duždi i kondotijeri, Bogorodica i Hristos zatrpavaju istoriju umetnosti kako bi ugodili svojim komanditarima, nihilističko doba i njegovi trgovci jednoglasno traže odraz svog vremena.

---

[1] Gi Debor (1931-1994) francuski pisac, teoretičar i sineasta. Njegova kultna knjiga je *Društvo spektakla* (1967). Jedan je od osnivača Situacionističke internacionale, revolucionarne organizacije nastale s namerom da okonča istorijsku nesreću klasnog društva i diktature tržišta. - *Prim. prev.*

Dijalektički, oni stvaraju doba koje stvara njih; njihova neuroza neurotiše svet, koji sa svoje strane prenosi neurozu nazad na njih. Ostaju dokazi, svedočanstva: predmeti transfera.

Brojne instalacije savremene umetnosti slične su policama u supermarketu toliko da se bezmalo ne mogu razlikovati: baštenski pribor, dečije igračke, rezbarije ili ukrasi, nameštaj, plastično posuđe, odeća, itd. Predmet iz potrošačkog društva, koji otuđuje čoveka pod platom, postaje ikona kojoj se ide na estetička poklonjenja i upućuju estetičke molitve. Poput starih tema – kralja, Hrista, itd. – koje su otuđivale, ali koje su smerno obožavali čim su bile estetski obrađene, otkrivamo tajne rituala te religije robe.

Savremeni fetiš dobara za potrošnju ima ulogu koju je nekad imao kip u primitivnim religijama, religiozno slikarstvo u crkvama, portret suverena u zamkovima: oko njega se organizuje kult idola koji nama vlada, obožava se ono što nam život čini nemogućim, zahvaljuje se gospodarima na gvozdenoj ruci kojom nas vode, pometenih tela i duša.

Zato nije ni čudo što postoji i kler zadužen za tu religiju robe: galeristi, javni kupci, privatni kolekcionari, novinari specijalizovane štampe, njihove kolege sa stranica namenjenih istoj stvari u dnevnoj štampi, komesari izložbi, vazalski propisivači (autori monografija, predgovora ili knjiga, urednici biblioteka knjiga o umetnosti), upravnici institucija i fondacija, itd. Kult se stvara uz saučesnički blagoslov i militantno delovanje te pregršti osoba koje se sve međusobno poznaju i organizuju se da očuvaju vlast nad tom sredinom.

Združena dejstva tog incestuoznog personala sastoje se od pravljenja kvota, stvaranja reputacija, ubacivanja ovoga ili onoga na dominantnu poziciju na tržištu ili pripreme izbacivanja kad isplativost počne da opada. Vrednost podrazumeva poverenje, veru – zato se i kaže *vrednost zasnovana na poverenju*. A nema ničega što će tako stvoriti veru kao što je to objava njenih dogmi *ex nihilo*, iz ćefa, prostom odlukom, kako bi se pokazala sopstvena performativna moć: propisivač kaže, i ne zbog onoga što kaže, nego zato što je propisivač, govori istinu. Magijska misao!

Ali, kako je uopšte ta osoba jednog lepog dana postala propisivač? Tako što je za svoj račun i to javno, vidljivo i nametljivo, preuzela propise, ponašanje, običaje i navike onog malog sveta koji ga prihvata nakon što proveri stepen njegove uslužnosti, uveri se da će biti koristan za valjano funkcionisanje trgovačke mašine. Drugim rečima: tako što se priključi ritualu, to jest tako što prsne u smeh kad i oni iz miljea prsnu u smeh, iskaljuje bes jednako orno kao i celo stado, sumnja zajedno s njegovim sumnjalima, potvrđuje ono što se tu već potvrđuje.

Naravno, umetnost oduvek potiče iz sveta koji je spoljašnji u odnosu na nju: iz sveta praistorijskih šamana, javnih političkih moćnika (od egipatskog faraona, persijskog šaha, grčkih buleuta i pritana[1], rimskog cara, papa hrišćanskog Zapada), iz sveta bogatih privatnih posednika (flamanskih kapitalista, venecijanskih trgovaca, građana iz vremena industrijske revolucije, a danas bogatstava nastalih upravljanjem multinacionalnim kompanijama). Svako od njih radio je na proslavljanju svojih vrednosti, vrednosti vladajućih u tom trenutku. Nije ni čudo što nezanemarljiv deo savremene umetnosti služi kao ogledalo našeg doba potkopanih temelja.

---

[1] Buleuti - gradski većnici u Atini, i pritani - članovi odbora pedesetorice, državnog saveta, upravljali su narodnom skupštinom u Atini, ali su brinuli i o pripremama igara. - *Prim. prev.*

III

KINIČKA UMETNOST

1

Cinični protivotrov. Prostačkom cinizmu te religije robe suprotstavimo Diogenov filozofski cinizam koji nam pruža mogućnost da sagledamo nekakav izlaz iz nihilizma, barem na terenu estetike. Nasuprot toj negativnosti potvrdimo pozitivnost *velikog smehotvornog zdravlja* koje se oslanja na *prenošenje kodova* i *komunikaciono delovanje*, a zatim se aktivira u pravcu *ponovnog materijalizovanja stvarnog*. Takav program u svemu se suprotstavlja pobedi patologije, autizmu i rastakanju imanencije.

Antički cinizam trpi zbog toga što ga je vladajuća, dakle hegelovska istoriografija svrstala u odeljak zabave i razonode. Nikad ne zakasnivši da napravi neku glupost, Hegel u svojoj *Istoriji filozofije* odlučno tvrdi da o toj filozofskoj struji mogu samo da se pričaju anegdote. Sledstveno tome, Diogen nije filozof. Univerzitetlije to ponavljaju od reči do reči već više od jednog veka kao jedan jedini čuvek uteran u čete ovog Prusa.

Diogen nije filozof? A zašto? Zato što ne priprema pobedu Hegelovog Apsolutnog duha. Zato što ni na koji način ni iz daleka ne doprinosi osveštanju *Nauke logike*, filozof sa svetiljkom ne zaslužuje plemićke titule koje se obično daju slugama režima! Međutim, Diogen antiplatonovac započinje, kao pravi filozof, antiidealističku, antispiritualističku, materijalističku lozu pisanim delom (nijedna knjiga nije ostala, ali ih je postojalo mnogo: tuce dijaloga, među kojima i *Rasprava o etici, Rasprava o ljubavi*, jedna *O državi*, pisma, sedam tragedija...) koje je podupirala njegova vesela scenografija. Ali, u Jeni se s filozofijom nije šaliti i ne vole se oni koji podržavaju tradiciju smešljivog mudraca otelovljenog u Demokritu. Zlokoban, nerazumljiv, mračan, marljiv, eto to su kvaliteti koji se traže da bi neko zaseo u panteon vladajuće filozofije. Diogen se nasmeje, prdne, prsne u smeh i ode...

Kakva je korist od omalovažavanja neke filozofije? Izbegava se da se ona komentariše i da se o njoj raspravlja. Klevete dobro leže onima koji tako priznaju svoju nemoć da povedu istinsku bitku idejama. Žigosanje Diogena i njegove struje svodeći njeno pojavljivanje na grčkoj filozofskoj sceni samo na ono sporedno, bez ikakvog poznavanja kretanja, diskursa, govora, eto to je nedostojna strategija izbegavanja.

Haringa i svetiljka, žabe i miš, pas i hobotnica, bure i bisage, štap i čanak, ispljuvak i mokraća, sperma i izmet, pevac i ljudska put, sve su to samo smešni skečevi bez ikakve filozofske ideje koja bi ih podržavala? Lakrdijaš, čudak, šeret, šaljivdžija, eto, opsenar, obešenjak ako hoćete, ali zaboga, ne i mislilac, ne filozof! Nikako ne isti naziv koji se koristi za Platona...

Međutim, upravo Diogen filozof koji je uzeo na nišan Platona i njegove ideje – njegove Ideje. Negativno uzeto, cinizam je antiplatonizam; pozitivno, to je nominalistički perspektivizam. Drugim rečima: postoji samo stvarno i samo je ono važno; nema drugih svetova; stvarnost se svodi na svoju materijalnost; čovek je mera svih stvari; čulna priroda pruža uzor, a ne inteligibilne Ideje; ironija, subverzija, provokacija, humor aktiviraju najbolju od svih metoda; pagansko telo, bez Boga i Gospodara, ostaje jedino dobro kojim raspolažemo; sve to možemo obuhvatiti i ovom rečenicom: život je praznik. Živelo ovo ovde!

Nema sumnje, idealistima se ne dopada taj lik i njegove ideje: platonovci smatraju da je idealna fikcija stvarnost; da postoji nebo ideja po kojem pojmovi lebde kao u eteru; da je stvarno deo nečega višeg i boljeg od sebe, još stvarnijeg: deo Ideje stvarnog; da je čovek odvratan zbog svog istinskog tela i ogroman zbog svoje nepostojeće duše; da postoji pojmljiva matrica sveta; da je važna apodiktička ozbiljnost; i bogovi, demijurzi i filozofi-kraljevi. Koji je njihov obrazac? Život ovde dole ne vredi ništa, i ništa nije vredno ćudljivog univerzuma pojmova u koji se sklanjaju. Živela smrt - pročitajte, ili još jednom pročitajte *Fedona*...

2

Prenošenje kodova. Kiničkim predanjima može se pristupiti s raznih strana: nulti stepen – hegelovski... – uspostavlja anegdotu kao ključ cele stvari. Priče su same sebi cilj. Šta je kinički scenski pribor? Eto cele predstave... Alternativni stepen: te pričice, ti spevovi jesu osnova za nešto što je više od njih samih. To su sredstva za postizanje istančanog cilja, samo treba umeti da ih dešifrujemo i pročitamo. Dakle, da *umemo* da ih dešifrujemo i da *možemo* da ih pročitamo. Dakle, još jednom: znati da možemo i moći da znamo.

Sve kiničke anegdote doprinose radosnom učvršćivanju alternative platonovskom svetu: Diogen traži Čoveka na ulicama Atine, s upaljenom svetiljkom u ispruženoj ruci, usred bela dana? "Farsa običnog školarca", kaže Hegel prelazeći preko toga... "Filozofska lekcija" odgovara istinski mudrac. Jer, kiničar traži Čoveka s velikim početnim slovom, ideju Čoveka, pojam, nematerijalnost iz koje potiče nominalistička materijalnost. Naravno, ne nalazi ga, pošto Ideja ne postoji, pošto postoji samo opipljiva stvarnost, materijalna i konkretna. Platon određuje čuvenog Čoveka kao *dvonošca bez perja*? U redu. Diogen očerupa pile i pred noge filozofa idealiste baci stvorenje koje već samom svojom ludičkom pojavom izvrgava ruglu Platonovu definiciju. Pisac *Parmenida* našao je za shodno da doda i ispravku: *s ravnim noktima...* i eto nevolje!

Sve kiničke anegdote – a njih je mnogo – deluju na istom načelu: prenose neki smisao, nose neko značenje. Hegelovac je veličanstveno otelovljenje imbecila koji gleda u prst koji mu pokazuje mesec. Cela teorija je izrečena, napisana u tekstovima koje je Diogen nekad objavio – kao i drugi (Antisten je potpisao sabrana dela u deset tomova, Krates ostavio pisma, Metrokle spalio svoje knjige, Menip je pisac petnaestak tekstova). Svi oni teatralizuju svoju misao koja se nalazi *samo* na papiru, ali i u predanjima stvaranim telom. Telo se upotrebljava da bi teatralizovalo misao, da bi se ideje izvele na scenu.

Ono što je skriveno nije samo sebi cilj, nego predstavlja poziv da bude razotkriveno. Isto važi i za ono što je šifrovano. Kiničar postupa kao ontološki komedijaš, zna da će njegova scenska postavka biti shvaćena. Dela, susreti i razgovori na Kinosargu – psećem groblju koje podražava Platonovu Akademiju ili stoičarski Trem... – deluju zajednički. Sve jedno drugo podržava. Ulog ironije podrazumeva inteligenciju gledaoca: već ovde gledalac stvara sliku (kiničku). Pola posla na stvaranju smisla obavlja neko treći ko prisustvuje sceni. A zatim, kao svojevrstan prevrat među vrstama materijala, filozofska scena izlazi iz Škole, iz ograđenog mesta zatvorenog u sebe, ezoteričnog, i otvara se ka svetu: napolju, u javnosti, filozofijom se bave na egzoteričan način.

Za savremenu umetnost važi isto: artefakt nije cilj po sebi, on govori o nečemu drugom i višem nego što je on sam, teorijski i većem od sebe. Predanje dobija smisao kad se na početku odigra inicijacija, kad su dati kodovi i ponuđena sredstva za razumevanje onome ko namerava da krene na estetičko putovanje. Široka publika se često ponovo igra Hegela kad pred nekim znakom savremene umetnosti tvrdi: "anegdota, prazne priče, besmislica, budalaština, baljezgarija"... Jer ni ona ne obraća pažnju na mesec, i zuri u prst. Ali, kako da ga gledaju kad im niko nije rekao da je to tema?

Oblik nije cilj; on nosi, podupire, otkriva osnovu – ako je ima. Bez osnove, oblik je bezobličan, jer ova druga pruža priliku za onu prvu. Predugo je formalizam proizvodio kobne posledice: forma radi nje same, kult forme... U strukturalističkom duhu sedamdesetih godina sadržatelj je često imao prednost nad sadržinom. Označitelj je bio za celu dužinu ispred označenika – koji ponekad čak nije ni postojao... Ponovo osvojena vrednost smisla pretpostavlja ponovno ujedinjenje te dve instance: konfiguracije i konfigurisanog.

Konceptualni i strukturalni formalizam snosi veliku odgovornost za tu nenaklonost publike prema savremenoj umetnosti. Religija čiste kombinatorike stvorila je vernike, kler, kastu, sektu, nauštrb najvećeg broja ljudi koji zaključe da je to logika onoga ko nije video crkvu, pa se i peći klanja, i to tako da slavi ispraznost, nepostojanje sadržaja. Nihilizam uživa u tom obožavanju ljušture.

Vraćanje na formu u službi suštine vodi umetnost na put obrnut od estetizma. Mondena umetnost, drugim rečima, upotreba klase estetskog, rado pribegava potrebi za površinom nauštrb dubine. Dekorativno pronalazi svoje opravdanje. Kada delo zrači samim svojim izgledom, spoljašnjošću, može se uklopiti u prizor kao deo ukrasa. Buržoazija se savršeno služi tim kodovima koji iziskuju depolitizaciju.

Vrednost dela meri se zbirom intelektualnih – etičkih, političkih, filozofskih, metafizičkih, estetičkih, naravno... – razmena koje je proizvelo. Apstrakcija, ta kvintesencija čiste forme, ulepšava dekor. Retko kad u sebi nosi političku ili borbenu poruku. Iznova politizovati umetnost (i to ne nekakvom političkom umetnošću u militantnom značenju reči) podrazumeva ubacivanje sadržaja kadrog da proizvede neko *komunikaciono delanje* – da upotrebimo Habermasov izraz.

Nesaopštivo, neizrecivo i ono što se ne može imenovati, baš poput muzičke testere transcendencije, otkriva pojmovni arsenal religioznog s kojim se zajednica kantovaca oduvek poistovećuje. Vrlo često, kad se pomene nesaopštivo, to znači da i nema ničeg da bude saopšteno... Nerazumljivost i lažna dubina komentara odaju zbrku, bedu sadržine, klimavost dela. Vraćanjem sadržine se prevazilazi estetizam i potvrđuje snaga umetnosti. Kako bi taj zahvat bio valjano izveden, mesta, prilike, okolnosti moraju pogodovati prenošenju – Narodni univerzitet predlaže obrazac za to svojim seminarom o savremenoj umetnosti.

3

Ponovno materijalizovanje stvarnog. Dvadeseti vek mučilo je rasplinjavanje: dodekafonijska i serijalna muzika, preko Veberna, završava se Kejdžovim koncertima tišine; slikarstvo napušta temu radi svetlosti, svetlost radi apstrakcije, apstrakciju radi ničega, praznine, i otuda Maljevičev *Beli kvadrat na beloj pozadini*; Novi roman objavljuje rat likovima, zapletima, psihologiji, priči, napetosti; i Nova kuhinja, koju su takođe obeležile posledice strukturalizma, raskida s ukusima i mirisima zalogaja u ustima ne bi li ugodila oku ističući raspored, hromatsku kompoziciju, arhitektonsku strukturu na tanjiru. Sve to vodi put manjeg, ničeg, i manje od ničeg.

Izlazak iz XX veka prošao je unazad: muzika iznova pronalazi tonalnost, gizdave orkestarske boje, simfonijski instrumentarijum, romantičarske modulacije, a crkve ispunjava neosrednjovekovna muzika prispela iz baltičkih zemalja; slikarstvo prerađuje površinu u najčistijoj tradiciji kolorizacije i klasične figuracije pomešane s malo poezije; roman nastavlja s buržoaskim neverstvima, malim narcističkim pričama, likovima i stanjima duše, sentimentalnim opisima – a papa Novog romana koji je laka srca odbio sablju i dvorogi šešir, obija pragove kako bi zaseo u Francuskoj akademiji; kuvari zgrću bogatstva spremajući teleću glavu... Sve je u redu. Etimološki, epoha, ovde kao i drugde, slavi reakcionarne vrline.

Kretanje ka ništavilu bilo je lažno; ono koje nas od njega udaljava oživljavajući stare vrednosti, takođe. Ni zen ni kič. Onda, *šta?* Sklonost ka stvarnom i ka tvari sveta, potreba za imanencijom i ovim ovde, strast prema teksturi stvari, mekoći materijala, puti supstance. Ni anđeo ni zver. Onda, *ko?* Čovek, pojedinac, nominalistički entitet, nedeljivost identiteta bez dvojnika. Posle velikih diskursa, posle kraja velikih diskursa, s onu stranu kraja velikih diskursa.

Otkako hrišćanstvo i marksizam više ne vladaju potpuno nego moraju da dele tržište mogućih pogleda na svet, ostaje samo jedna nepomerljiva tačka: telo. Ne platonovska ideja tela presečenog nadvoje, izrezanog, osakaćenog, dvojnog, nego telo postmoderne nauke: živa put, čudesna, važna, bogatih mogućnosti, prožeta još nepoznatim snagama, ispunjena još neistraženim moćima. Umetnost oduvek služi svetome, onome što naizgled prevazilazi ono ljudskome umu pojmljivo.

Ono što danas prevazilazi ljudskome umu pojmljivo zove se telo: ono o kojem Spinoza piše da ga još nismo dovoljno podsticali, tako da još ne znamo *šta ono može*, ono koje Niče naziva *golemi razum*, ono isto koje Delez i Fuko konačno postavljaju u središte svojih filozofskih zanimanja. To telo ostaje hrišćansko, obeleženo oblikovanjem tokom više od hiljadu godina civilizacije, ali nosi u sebi čudesne moći.

U haosu urušene civilizacije, sred nihilističkih ruševina kraja epohe, pred onim što čeka faustovsko telo, umetnost može izići kao prethodnica, kao pojmovna, ideološka, intelektualna i filozofska laboratorija. Posle smrti Boga, posle smrti Marksa, pa onda i manjih idola, svako ostaje pred svojim telom, često isto onako prostodušno kao i ranije. Kako ga definisati, kako shvatiti njegove modalitete, razumeti ga, obučiti, pripitomiti, ukrotiti? Kako ga vajati? Šta možemo, šta moramo očekivati od njega? Do koje mere možemo računati na tu ontološku nesvodljivost?

Umetnici već rade na kloniranju, genetičkom geniju, transgenezi, reprodukovanju čoveka-mašine –barem jedne od njegovih vitalnih funkcija: unošenje, varenje, izbacivanje... –na redefinisanju telesnog identiteta uz pomoć hirurgije, stvaranju paganske sotirologije putem pripitomljavanja leša, dakle smrti, računarskoj obradi materije, stvarnosti virtualnih predstava, i na mnogim drugim poljima koja nisu ništa manje umetnička zato što su postmoderna.

Naime, artefakti koje predlažu ti umetnici određuju novo lepo. Nije to više platonovsko Lepo, niti je to ono stvarno mereno fiktivnim aršinom, nego novi predmeti, novi oblici, nove spoljašnjosti koje čine subliman precept. Zašto *precept*? U pragmatičkoj tradiciji, taj termin označava ono što se ukazuje svesti pre nego što se stvori perceptivni sud. A zašto *subliman*? Zato što je u romantičarskoj tradiciji to ono što svojom moći, snagom može da slomi pojedinca koji, zauzvrat, prema tom specifičnom osećaju meri delotvornost predmeta. Taj svet sublimnih precepata najavljuje drugi, veći svet koncepata koji, opet, omogućuju da utičemo na sadržinu i raspored stvarnog. A to znači i da presečemo put nihilizmu...

PETI DEO
PROMETEJSKA BIOETIKA

I

DEHRISTIJANIZOVANO TELO

1

Anđeoski model. Još prečesto živimo u platonovskom telu. A to je? Šizofreno telo, podeljeno na dva nepomirljiva dela od kojih jedan, kažu, ima ogorman uticaj na drugi: telo ima vlast nad dušom, materija poseduje duh, emocije preplavljuju razum, tvrde zagovornici asketskog ideala. S jedne strane, zlo otelovljenja; s druge, mogućnost spasenja kroz nematerijalno za koje nam, što je bezuman paradoks, kažu da se, međutim, nalazi, nevidljivo, bez mogućnosti da bude određeno i utvrđeno, *unutar* supstance koja zauzima prostor...

Zapadno telo pati od te dihotomije u svakodnevnom životu, naravno, ali i u problematičnijim oblastima, kao što su zdravlje, medicina, bolnice, nega i sve ono što, u tešnjoj ili daljoj vezi, potiče od bioetike. Ova disciplina u nastajanju preispituje i napada idealističku filozofsku tradiciju, nesposobnu da odgovori na izazove što joj ih upućuju ova nova pitanja koja samo utilitaristička i pragmatička filozofija može da reši.

Bauk kruži nad svestima – ili tačnije, nad nesvesnim – avet anđela, čudnovat model platonovsko-hrišćanskog ideala. Šta je anđeo? Stvorenje od etera i snova, život bez života, otelovljenje bez tela, nematerijalna materija, antitelo koje izmiče uobičajenim zakonima tela: ne rađa se i ne umire, ne uživa i ne pati, ne jede i ne spava, ne misli i ne kopulira. Jasno nam je da ono, tako štedljivo prema samom sebi, nije podložno habanju, večno je, besmrtno, nekvarljivo, ne truli...

Ništa od ovoga ne bi bilo previše ozbiljno kada taj model ne bi i danas predstavljao shemu zapadnog tela. Sastavljeno od tela i duše sve do Frojda – materijalnost tela i nematerijalnost psihičkog nesvesnog smatra se za skup plemenitih organa – srce, mozak... – s aktivnom simbolikom – hrabrost, inteligencija... – i prostih organa – creva, utrobe... Od Platonovog *Timaja* do postmodernih bolnica rastojanje nije tako veliko...

Stvarno telo, suprotno od anđela, pije, jede, spava, stari, pati, vari, prazni se, umire; daleko od etera, sastavljano je od krvi i živaca, mišića i limfe, sokova i kostiju, od materije; ne znajući za plemeniti deo nematerijalnog porekla preko kojeg bi moglo ući u odnos s Istim koje bi mu obezbedilo spasenje – u dodir s Bogom i božanskim, stvorenim na isti način – odnosi pobedu u čistoj imanenciji.

Građenje zapadnog tela nastaje zajedno s neurozom Pavla iz Tarsa, velikog mrzitelja sebe, koji gađenje prema sebi pretvara u prezir prema ovozemaljskom i prema svetu, na koji nas poziva da se ljutimo. Više vekova grčke i latinske patrologije, srednjovekovne sholastike i idealističke filozofije prenošeno kroz prodike, propovedi, besede koje je sveštenstvo pojednostavljivalo upućujući ih običnom narodu, ali i više od hiljadu godina mobilizovanja propagandne umetnosti, ostavljaju u nasleđe obogaljeno telo koje je još u potrazi za iskupljenjem kroz ponovo nađeno sjedinjenje u monizmu bogatom novim egzistencijalnim mogućnostima.

2

Heuristika smelosti. Kako bi se završilo s anđelom, mnogo je bolje da pokažemo nominalističko, ateističko, otelovljeno, mehaničko telo – čak i ako ta mehanika, mnogo suptilnija nego što to spiritualistički protivnici tvrde, zaslužuje da bude pojmovno i teorijski prečišćena. Demistifikujmo telo, očistimo ga od fantazama, fikcija i drugih magijskih predstavljanja. Napustimo eru primitivnog mišljenja kako bismo ušli u istinsko doba razuma.

Vladajuća filozofija, ona do koje drže etički komiteti, izbegava da ispadne smešna naprosto upućujući na *Poslanicu bolničkom osoblju* koju je izdao Vatikan. Kako bi razdelili pilulu konzervativizma, ako ne i reakcionarstva, radije će nas uputiti na Rikera, Levinasa, reaktivirati sholastiku našeg doba – fenomenologiju Žan-Lika Nansija, između ostalih pobožnih autora – ali naročito će uživati u jednom Hansu Jonasu, koji teoretizuje tehnofobiju i svesrdno zaključuje kako treba čekati u ime "načela odgovornosti".

Njegov pokretač? "Heuristika straha". Prema tom Kasandru s one strane Rajne, ljude treba držati u atmosferi straha koji pretpostavlja da je ono najgore izvesno i neizbežno ako se dozvoli moderni napredak. Poučavajmo ontološkom strahu kako bismo doveli do tehnološke nepomičnosti. Ishod: trijumfovanje načela opreza, što znači pobeda konzervativizma.

Ja, naprotiv, zastupam heuristiku smelosti. Jonasova logika ne bi savetovala izumevanje aviona pozivajući se na rušenje, odrekla bi se broda pod izgovorom brodoloma, zabranila bi voz mašući pretnjom iskakanja iz šina, otvoreno bi odvraćala izumitelja automobila proričući saobraćajne nesreće, odbacila elektricitet zbog mogućnosti strujnog udara. Taj filozof bi čak i samog Boga odvraćao od toga da stvori život pod izgovorom da će on na kraju dovesti do smrti...

U dijalektici napretka, na negativnosti se ne štedi, ona se uključuje. Ona ne sme biti predmet na koji se usredsređujemo i koji nas sprečava da vidimo dalje od samog pojmovnog čira fiksacije. Heuristika straha jeste vešta formula Huserlovog i Hajdegereovog učenika kojom on opravdava tehnofobiju pokolenja koje odbija i odbacuje modernost. Može nam biti draži *Princip nade* Ernsta Bloha...

Ova famozna heuristika dovodi do niza opasnih posledica: zadržavanja javnosti u neznanju, laskanja gluposti, podsticanja reaktivnog i primitivnog nagona masa, slavljenja mraka i osuđivanja načela Prosvećenosti, držanja naroda na odstojanju od stručnjaka, rušenja mostova između sveta nauke i nacije...

Otuda, da uzmemo samo primer kloniranja, Jonasov učenik pušta da se opšta mesta šire u najvećem mogućem broju, slabo, nikako ili loše obavešten o tehničkoj sadržini teme, ali spreman da daje svoje mišljenje a da prethodno nije dublje razmislio, intelektualno potpuno uslovljen naučnom fantastikom –u nedostatku nauke – prežvakujući knjige i filmove poput *Vrlog novog sveta*. U korenu heuristike straha nalazi se prezir prema narodu, elitizam, aristokratizam nepropustljivih kasti, nasilje nad gomilom putem propagande koja se poziva na osećanja, nagone, strasti – strah, bojazan, teskobu, užas – radikalno okrećući leđa razumu i njegovoj pravilnoj upotrebi.

Nasuprot tome, heuristika odvažnosti suočava se i sučeljava, ne osuđujući ih *a priori*, s nezgodnim pitanjima koja se postavljaju pred našim postmodernim vremenom: reproduktivno i terapijsko kloniranje, materinstvo posle menopauze, trijaža embriona, ektogeneza, eugenika, presađivanje lica, hirurški zahvati na mozgu ili transseksualni hirurški zahvati, začinjanje uz medicinsku pomoć, eutanazija, začinjanje *post mortem*, itd.

3

Produžetak tela. Prometejska bioetika i danas se suprotstavlja liku Zevsa – to jest, svakom transcendentalnom opravdanju uspostavljenog poretka. Prometej, izumitelj čoveka, kradljivac vatre, onaj koji je varao bogove, dobročinitelj ljudi, obdaren moći da otkloni opasnosti i sposoban da se domogne zlatnih jabuka iz vrta Hesperida – besmrtnosti... – i dalje predstavlja uzor za naše posthrišćansko društvo.

Otuda zahtev da iznova definišemo telo, da ga ponovo promislimo s onu stranu hrišćanskog shematizma. Postavši atomska supstanca – a ne crna kutija praroditeljskog greha koja u sebi nosi nematerijalni protivotrov – ono se sastoji od nomadskog dela koji može da napusti materijal od kojeg je načinjen, i od dela koji ispituje i koji može da prihvati promene, široke vidljivosti i s nizom magnentnih uticaja, energija i sila, on je jedinstvena supstanca, naravno, ali različito uobličena, i to na za sada neobjašnjene načine.

Posthrišćansko telo u svoju definiciju uključuje ono što tradicija drži na granici, ostavlja na marginama, odbija, ili prebacuje na stranu patologije, mentalnih oboljenja, histerije i drugih simptoma. Šta je, odista, s transom, katalepsijom, epilepsijom? Kako pristupiti fenomenu telepatije, prenošenja misli, intuicije? A mesečarstvo? Magnetizam? San, paradoskalno sanjanje? Nesvesno, bilo frojdovsko ili ne? A glosolalija, kako je shvatiti, kako objasniti? Podvizavanje jogija? Hipnotička terapija? I mnoge druge činjenice odbačene na periferiju, koje nam pokazuju da telo ima neobjašnjene – i neistražene – mogućnosti.

Sve to nam lažno deluje kao nešto što je van materije, ali je ipak muči, i izaziva prezir izvesnog broja osoba koje veruju da je medicina nauka – ona je umetnost... – baš poput pozitiviste u uskom značenju reči. Pred činjenicama koje se ipak mogu utvrditi, otkuda to odbijanje da se ukaže poštovanje? Na jednog Fajerabenda koji iz svoje intelektualne radoznalosti ne isključuje ništa i u knjizi *Protiv metode* tvrdi da se može učiti iz svake discipline, uključujući i one nedvosmisleno pogrešne – kao što je na primer astrologija... – koliko je samo gospode Omea što, poput nojeva, misle da će rešiti problem ako svoju inteligenciju zakopaju u pesak?

Alternativna i paralelna znanja – poput orijentalne medicine, kineskih učenja, afričkih tehnika, karipskih znanja, šamanskih terapija – uvek otkrivaju telo-mašinu, naravno, ali suptilnije nego što se to obično misli. U stvari, često razmišljamo o detaljima mehanizma, o nabrajanju sastavnih delova, o sklapanju sistema, ali zaboravljamo na ono što se odigrava *između* svega toga: posthrišćansko telo pretpostavlja dionizijski materijalizam.

Kako, na primer, objasniti zašto u ponekad usko pozitivističkoj logici zapadne medicine za svaki organ postoji odgovarajući specijalista – od neurologovog mozga do proktologovog rektuma – i da se niko ne bavi neurovegetativnim sistemom kojem, međutim, imamo da zahvalimo za homeostatiku tela, njegove ritmove, temperaturu, cirkulaciju, brzinu i kadence? Otkuda to zaboravljanje na ono što u sebi čuva deo tajni tela? Osim ako to nije usled intelektualne navike da zanemarujemo ono što će omogućiti (možda) istinski napredak u spoznavanju čistog tela...

II

VEŠTINA VEŠTAČKOG

1

Prevazilaženje ljudskog. Otkako se ljudi uljuđuju, postaju veštački i rade na oslobađanju od svog prirodnog stanja. Prva otvaranja lobanje i operacije katarakte dokazuju da priroda nije slavljena kao nežna i dobra opskrbljivačica samo dobrim stvarima, prema načelu roga izobilja. Ona podrazumeva i smrt, bol, patnju, borbu, kandže, kljunove, smrt najslabijih.

Prevazilaženje prirode stvara ljudsko biće. Odbijanje telesne ili duševne patnje, izmišljanje vradžbina i napitaka, mrvljenje biljaka, mešanje praškova, trava, sokova, mućkanje pića, bajalice i pribegavanje magijskoj misli, dodirivanje, ritualizovanje pokreta, učestvovanje, nedozvoljavanje da priroda radi po svojoj volji, nametanje ljudske volje, u prvim časovima, u prvom mucanju, eto suštine medicine: ona je protivpriroda.

Šta znači prevazilaženje ljudskog? To ne znači kraj ljudskog, ili nadljudsko, nego post-ljudsko koje čuva ono ljudsko istovremeno ga prevazilazeći. Cilj? Njegovo sublimisanje, njegovo ostvarivanje, njegovo usavršavanje. Staro telo potpuno potčinjeno diktatima prirode ostaje isto, ali mu se dodaje nešto veštačko, kultura, ubrizgava mu se ljudska inteligencija, prometejska supstanca, kako bi se *koliko je to moguće* oslobodilo determinizama prirodne nužde.

Koje je, između ostalih, sredstvo tog post-ljudskog? Transgenetika. Naravno, hirurgija takođe može mnogo ako je (ontološki) pustimo da radi svoj posao, ali mogućnost da se interveniše u genu otvara radikalno nove izglede za planetarnu istoriju medicine. Bez prinošenja žrtve na oltar genetičke celine, bez stvaranja religije gena – on može samo ono što može, što ne znači da može sve, mada već može mnogo – tu nalazimo carski drum koji vodi ka post-ljudskom.

Od tog trenutka shvatamo kakvu korist apostoli heurističkog straha imaju od toga što puštaju da se širi magijska misao povodom kloniranja: kloniranje bi značilo industrijsku proizvodnju istovetnih pojedinaca s namerom da se stvori čovečanstvo koje bi ostvarilo fašistički fantazam zaglupele mase kojom upravlja elita na vlasti... Čestitamo na naučnoj fantastici, ali nula poena za samu nauku.

Naime, reproduktivno koniranje ostalo bi na tome da veštački proizvodi istovetan genetski kapital. Ali, mi nismo samo svoj genetski kapital, nego proizvod uzajamnog dejstva između njega, supstance i mase sveta. U protivnom, u slučaju jednojajčanih blizanaca – što je slučaj prirodnog reproduktivnog kloniranja – imali bismo potpun duplikat. A dobro znamo da nije tako. Vaspitanje u širokom smislu, uzajamna delovanja, uticaji, mogućnosti, najranije formiranje, mnogo izvesnije oblikuju biće prema modelima koji, u suštini, izmiču spoznaji. To dobro zna Sartr, koji se okušao u poduhvatu da Flobera rastavi na sastavne delove. Projekat se opirao, dostigao više od tri hiljade stranica – i ostao nezavršen...

Korist od te heuristike straha? Poistovećivanje reproduktivnog kloniranja – koje nije ni čudovišno, niti isplativo, dakle, nema nikakvu budućnost – s terapeutskim kloniranjem, koje bi, međutim, omogućilo da se bolesti zaista sprečavaju, leče, onemogućavaju da uopšte nastanu. Pod izgovorom opreza, ostavljaju se otvorena vrata za negativnost koja je na delu u prirodi – a mogla bi se usporiti, onemogućiti, dakle, izbeći. Moralno i pravno, takvo postupanje postaje ravno odbijanju pomoći osobi u opasnosti – i to milijardama osoba.

2

Eugenika izbegavanja. Prometejska bioetika ne postavlja sebi u zadatak stvaranje čudovišta ili himera; ona ne teži ni nekakvoj *čistoj* rasi; ona nikako ne želi da stvori čovečanstvo kiborga; ona ne podstiče projekat ukidanja prirode (kakva nespretna namera!) nego nastavljanje starog dekartovskog projekta ovladavanja njome. Da postanemo njeni "gospodari i vlasnici". Rene Dekart, a ne Adolf Hitler.

Po sebi, eugenika određuje tehniku koja omogućava da se stvori potomstvo (*genika*) u najboljim (*eu*) uslovima za pojedinca (lično zdravlje) ili zajednicu (javno zadravlje). Prema upotrebi, može biti *liberalna*, ako služi stvaranju najveće moguće koristi laboratorijama koje su pokrenule postupke aktiviranja; *rasna*, ako na nacistički način teži nekakvom navodno obnovljenom čovečanstvu, pročišćenom od navodnih mijazmi; *katolička*, kad zagovara strogo poštovanje života pretvorenog u fetiš nekakvog kulta paganske vrste – do te mere da i patološke proizvode prirode slavi kao dokaze koje nam šalje Bog; *potrošačka*, kada tehniku stavlja u službu proizvodnje omota koji su u skladu s trenutno važećim kanonima – mlada lepa plavuša plavih očiju, s mlečnim žlezdama razvijenijim od moždanog tkiva, itd. I bez velike priče složićemo se da u svakom od ovih slučajeva postoje moralno neodbranjive mogućnosti.

Ako je eugenika za osudu, ona to nije po sebi, ne apsolutno, nego preko epiteta koji je određuje. Šta reći, na primer, za *oslobodilačku* eugeniku? Najpre, kako bismo je odredili? Kao strategiju izbegavanja, s jednostavnim ciljem: *uvećati* mogućnosti za srećno prisustvo na svetu, polazeći od načela da bolest, patnja, nedostatak, duševni ili telesni bol, oduzimaju radost zbog bilo kakve mogućnosti postojanja. Dakle: *umanjiti* broj prilika za bolno prisustvo na svetu.

Ne ulazeći u jalove rasprave, svi ćemo se složiti oko toga šta je to što određuje srećno ili nesrećno prisustvo na svetu. Za svako buduće biće, zdravlje je bolje od bolesti, celovitost bolja od nedostataka, vitalnost bolja od slabosti, uobličenost od izobličenosti, normalnost od nenormalnosti. I svako kome je draža bolest, nedostaci, slabost, izobličenost i nenormalnost, odnosno svako ko odbacuje postojanje tih kategorija, izgleda mi kao ontološki zločinac po tome što odbija da deluje ukoliko postoji transgenička mogućnost da se tako nešto izbegne.

Zdravlje, koje se prema najkraćoj definiciji određuje kao odsustvo bolesti, nudi nam najslađu od svih ataraksija. Kako se onda odlučiti za muke, kad postoje sredstva kojima se može stvoriti spokojno telo umesto tela koje pati. U ime čega se, povrh svakog bića (i naravno, pri tom nije reč o *ukidanju* bića koje po definiciji još ne postoji) može odbiti *izbor* najbolje mogućnosti postojanja za njega među milijardama mogućih genetičkih kombinacija?

Ta oslobodilačka eugenika ne stvara ni pod-ljude, ni nad-ljude, nego naprosto ljude; ona omogućava jednakost u pristupanju ljudskosti; ona ispravlja prirodne nepravde i uspostavlja carstvo kulturne ravnopravnosti. Zatim, kad se biće jednom nađe na svetu, ona omogućava postojanje medicine koja će bolest predvideti pre nego što nastane, i tako će moći i da je spreči; od tada ona uklanja potrebu za lečenjima koja su bolna ili koja obogaljuju, mnoštvo bolesti povezanih s tuđom negom i staranjem, kao i sekundarne posledice koje farmaceutska industrija prećutkuje...

Transgenička medicina koja prati oslobađajuću eugeniku ograničava svemoć agnostičke medicine koja se najčešće protiv jednog zla bori drugim, obrnuto srazmernim. Ona određuje drugu medicinu, miroljubivu, koja neutralizuje pojavljivanje negativnosti po uzoru na ratničke veštine.

3

Metafizika veštačkih tvorevina. Moć te prometejske bioetike stvara nove kontinente s do sada potpuno nepoznatim filozofskim predmetima. S onu stranu fizike onakve kakvu obično znamo, koja obuhvata zemlju odavno ucrtanu u mape, mislilac otkriva niz originalnih tema koje pozivaju na do sad nepoznata ispitivanja i odgovore koji će tek doći.

Ta nova metafizika – u etimološkom smislu: s onu stranu fizike – ima čudnu osobinu da određuje ipak sasvim fizičke teme, zato što su apsolutno imanentne! Nema tu izgovora za nove magline ili verbalnu sofisticiranost, nikakve potrebe za neologizmima, postoje samo izgledi da ćemo rešiti probleme koje je upravo naše doba izmislilo.

Tako dolazi do stvaranja novog vremena, vremena zamrznutog genetičkog materijala. Kad se sprematozoidi, jaja ili embrioni uzmu unapred, pokoravaju se zakonima relativnog vremena našeg planetarnog sistema. Svaka ćelija stara je koliko i njeni krvni sudovi: ona postoji u vremenu. Od trenutka kad se kriogenizuje, istovremeno se podvrgava zakonima dva vremena: onom u inkubatoru i onom izvan njega. Vreme življenja prestaje u korist veštačke tvorevine takođe zamrznutog, odloženog vremena, koje je, međutim, upisano u društveno vreme. Otvoreno vreme zaustavljene ćelije prethodi društvenom vremenu njenog ponovnog uključivanja.

Konkretno: sperma davaoca izmiče prirodnom vremenu, ulazi u veštački odloženo vreme, dok davalac ostaje da traje u društvenom vremenu. Moguće je da vek posle njegove smrti, kada telo davaoca postane skelet, njegovo nomadsko telo nastavi da živi. Otuda metafizički indukovani problemi.

Tim novim vremenima pridružuju se novi oblici: tako se živo biće može nakalemiti na mašinu ako, na primer, neuron povežemo s pločom računara; ili ako ugradimo mašinu u živo biće, u slučaju proteze – od čeličnog zavrtnja do srca od titanijuma preko pejsmejkera ili arterijskog stenta; ili, konačno, presađivanje dela stranog živog bića u čoveka: srčanog zaliska svinje u ljudsko srce, ili kože, ili insulina poreklom od iste životinje – da i ne govorimo o obrnutoj kompatibilnosti: ne više o animalizaciji čoveka, nego o humanizaciji životinje – laboratorijski miš fiziološki kompatibilan s homo sapiensom...

Isto tako bismo mogli razmišljati i o novim naporima farmakopeje koja od hemijskih molekula traži da proizvode posledice na ponašanje. Psihoanaliza s nervozom gleda kako se s nadiranjem hemije duše njena teritorija smanjuje. Slična rasprava znači delimično povlačenje šamanskih tehnika – efikasnih, urpkos svojoj nenaučnosti – pred neospornim i neoborivim dokazima postmoderne droge.

Te nove sile mogu biti stavljene u službu nagona smrti jednako koliko i u službu nagona života. Brojni anksiolitici, antidepresivi, tablete za spavanje, manje leče nekakvu izrazitu patologiju nego nesposobnost subjekta da postoji u miru u civilizaciji koja nasilno regrutuje, ili uništava svakoga onoga ko joj se opire. Ta farmacija postiže pokornost i poslušnost okorelih protivnika uz pomoć njihovog hemijskog pretvaranja u zombije. Na svetu, oni su van sveta.

Oslobodilačka bioetika gleda na proizvodnju, propisivanje i upotrebu tih supstanci sa stanovišta hedonizma. Ne uništavanje, ne gašenje, ne smirivanje do ukidanja subjektivnosti, nego uvećavanje mogućnosti radosnog prisustva na svetu. Vijagra, na primer, utoliko što telu daje sredstva duha, pokazuje kako izgleda dionizijska farmakopeja indeksirana prema nagonu života.

III

FAUSTOVSKO TELO

1

Između dva ništavila. Svako postojanje pretpostavlja izlazak iz ništavila jedino s izgledima da se u njega jednoga dana vrati. Zato se život može definisati kao ono što se odigrava između dva ništavila. Ali, zamagljene su granice koje bi omogućile da se jasno kaže šta je uzvodno, šta nizvodno, ovde, onde, pre, posle. Da biće potiče od spermatozoida i jajašca, to svi znaju, ali koji je filozofski status ta dva predmeta svakog ponaosob? Da li su oni poluživa bića? Potencijalna živa bića? Dve sile koje se dopunjavaju, koje su žive, ali im je neophodno da se spoje radi nekog drugog bića, stvarnog, ovoga puta istinskog?

Žive su milijarde spermatozoida koji budu odbačeni nakon što jedan jedini među njima probije omotač ženskog gameta, ali žive su i bakterije koje izjedaju telo posle smrti. Pre, život je već život, posle života, opet je život. Kako u tom kiptanju stvarnog gledati na pomešano rođenje i preminuće, na nicanje iz ništavila i zajedno s njim vraćanje u njegovo okrilje, kao na bilo šta drugo osim mnoštva preinačenja života?

Čovekova ljudskost upisuje se, dakle, u živo biće, između dva ništavila. Nije jednobitna sa živim bićem, ali nastaje, pa tako može i nestati, u samom životnom procesu. Tako, nekoliko časova posle oblikovanja, jaje koje je živo ipak nije ljudsko stvorenje. Hrišćanima koji pričaju o potencijalnoj ličnosti odgovaramo da je svako biće, iako je potencijalni mrtvac, ipak sasvim živo, jer od mogućnosti do ostvarenja, na sreću, stoji ceo jedan svet.

Potencijalna ličnost zaslužuje puno uvažavanje njenog položaja: ona postaje ličnost kad je stvarna, a u međuvremenu, pošto je samo moguća, ostaje tek sofizam proistekao iz tomističke sholastike. Potencijalnoj osobi nedostaje nešto kako bi postala stvarna ličnost: u ovom slučaju, ljudskost.

Sperma nije ličnost, kao ni jaje, ni zametak. Ljudskost u čoveku ne nastaje s (ljudskim) oblikom, nego s (ljudskim) odnosom prema svetu. Prosto obitavanje na svetu nije dovoljno, i bubašvaba postoji na svetu. Potrebna je veza, interaktivni odnos, spona s opipljivom stvarnošću.

Pre svega, ljudskost pretpostavlja biće kadro da opaža svet, da ga oseća, da ga prima preko čula, makar samo u osnovnim crtama. Toga radi, nužan je određeni stepen razvitka nervnog sistema. Prvi dani, prve nedelje nisu dovoljni tom spoju materije i ćelija da uspostave bilo šta više od živog stvora bez lične stvarnosti. Siva materija mora biti kadra da reaguje na nadražaje koji se mogu svesti na dva tipa: sposobnost da se oseti zadovoljstvo i mogućnost da se iskusi bol – što je osnova hedonizma. Nauka ovu anatomsku mogućnost smešta u dvadeset i petu nedelju postojanja fetusa. Eto od kad on izlazi iz ništavila i ulazi u ljudskost, mada je živ od trenutka kad se spoje sprematozoid i jaje.

Osim toga, tek mnogo kasnije, ljudskost pojedinca određena je spregom tri mogućnosti postojanja *ja*, svesti o drugima i svesti o svetu, uz iz toga izvedene mogućnosti interakcije između *ja* i *ja*, *ja* i drugog, *ja* i stvarnosti. Ko god ne zna ko je on lično, ko je drugi i šta je svet, izlazi van čovečnosti, iako je živ. Ali, ono što prethodi ljudskosti i ono što sledi za njom nemaju isti ontološki naboj: neutralni embrion lakši je od leša punog sećanja, ljubavi, povesti.

S ovu i s onu stranu ljudskosti, svaki ljudski zahvat ontološki je opravdan i legitiman. Pre nje: genetička selekcija, obrađivanje embriona, njihova trijaža, kontracepcija, abortus, transgenetika; posle, u slučaju kad je utvrđena smrt mozga, u slučaju veštačkog održavanja života, kad je neopozivo utvrđeno da je prevaziđeno stanje kome: eutanazija, uzimanje organa za presađivanje.

2

Neuronski identitet. Evo, dakle, do sad neviđenih svetova: to su građenje novog tela od spoljašnjih elemenata, mešanje životinje i čoveka, uvođenje veštačkog u prirodno, prevazilaženje uz pomoć hirurgije ili gena, ukidanje hrišćanske puti, razlikovanje nomadskog tela od tela s kontrolisanim poreklom, atopijskog tela ideala od topijskog tela, materijalističkog i vitalističkog, atomičnog i dionizijevskog, pristupanje proširivanju tela, dehristijanizaciji puti, prevazilaženju ljudskosti, stvaranju metafizikre artefakata. Šta reći o identitetu na tom novom polju metafizike? Gde je on? Šta je on?

Tezejev paradoks omogućava nam da predložimo odgovor: Grci s puno poštovanja čuvaju brod svog junaka. Ne bi li popravili ono što je nagrizao zub vremena, brodograditelji zamene jednu dasku, pa onda dve, tri, i više. A ipak se i dalje dive tom brodu, čak i kad je zamenjena i poslednja daska s prvobitnog plovila. Kad je ono prestalo da postoji? Kad je zamenjen prvi komad drveta? Počev od drugog? Od poslednjeg? Tačno na polovini?

Premestimo ovu kazuistiku drugde: čoveku možemo odseći jednu nogu, pa obe, jednu pa drugu ruku, on ne prestaje da postoji; možemo mu izvaditi bolestan organ i presaditi mu neki drugi, srce, jetru, pluća, on ostaje isti; čak mu i lice možemo presaditi ako je svoje izgubio, ako mu je izgorelo, unesrećeno, osakaćeno, ako ga je izjela kiselina, on će i dalje ostati on. Pa kad onda gubi identitet?

Lajbnic je upotrebio vrlo korisnu bajku kako bi na to odgovorio: zamislio je da je obućarov mozak presađen u telo kralja. I obrnuto. Posle zahvata, ko od njih dvojice ume da popravlja cipele? Telo obućara s mozgom suverena? Ili onaj drugi sklop? Koji od njih u teoriji može da se bavi držasnim poslovima? Telo čoveka na vlasti ili siva materija bivšeg čizmara? Ili obrnuto?

U vreme nemačkog filozofa ta je bajka ostala u domenu povoda za razmišljanje, a danas je postala laboratorijska stvarnost. Presađivanje mozga je ostvarljivo, tetraplegija do koje za sada posle zahvata dolazi verovatno će ubrzo nestati, kad se premošćavanje neurona bude obavljalo putem presađivanja ćelija, što će stvoriti mogućnost da se ponovo uspostave fiziološki uslovi nervnog kontinuuma.

U svetlu ovog primera nameće se zaključak: mi smo naš mozak. Na nama se sve, ili bezmalo sve može promeniti. Sve te izmene dovode do pormena u shemi našeg tela, ali mozak je taj koji gradi i prihvata novu sliku. To ne bi mogao učiniti za drugi mozak koji bi ga sprečio da pristupi zahvatu ponovnog uspostavljanja sopstvenog lika.

Naš je mozak mesto pamćenja, navika, stvaranja ustrojstva živaca od najranijeg detinjstva, obrazovanja, on sadrži naš način postojanja, naša sećanja, podatke koji nam omogućavaju da prepoznajemo lica i mesta, on skladišti sve ono što tako nije potrebno uvek iznova učiti radi izvođenja najsitnijeg, najobičnijeg, najosnovnijeg postupka. U njega se slivaju tragovi pojedinačnog vremena i vremena zajednice. U njega se uvlači jezik, kao i kultura. Konačno, on pohranjuje i naše telo u celini, upravlja njime, živi ga, sadržava. On je mesto identiteta, temeljno mesto bića. Ostatak sledi.

3

Pedagogija smrti. Kako s tim faustovskim – ili drugim rečima, prometejskim – telom pristupiti smrti? Vekovima se religija trudila da pronalazi rešenja za tu teškoću. Ona su nam poznata. Otkako mitologija više ne daje gotova uputstva, čak ni onima koji još prinose na žrtvu okrajke tih priča za decu, koji je ontološki izlaz iz tog temeljnog užasa – pošto njemu kao prizivanju imamo da zahvalimo na rođenju bogova i stvaranju neba?

Teologija mora ustupiti mesto filozofiji, hrišćanstvo se mora skloniti kako bi dozvolilo drevnim mudrostima – pre svega stoičkim i epikurejskim – da izliju svoj lekoviti napitak. Tako, u prilog dobrovoljnom umiranju: nužnost postoji, ali nema nikakve obaveze da se u skladu s nužnošću živi, možemo izabrati da život napustimo prema sopstvenom nahođenju; naše telo pripada nama, i možemo ga koristiti onako kako želimo; postojanje nema vrednost u zavisnosti od količine proživljenog života, nego u zavisnosti od njegove kakvoće; bolja je dobra smrt nego loš život; moramo živeti onoliko koliko moramo, a ne onoliko koliko možemo; (dobra) smrt koju smo izabrali vredi više nego (loš) život koji trpimo.

U svetlu drevnih učenja eutanazija se upisuje u putanju koja vodi neposredno od stoičarskog Trema do postmoderne volje za suverenošću. Nasuprot tome, jevrejsko-hrišćanska tradicija zagovara negu koja ublažava bolove – što je nova prilika za povratak starog religijskog arsenala: spasenje kroz patnju; iskupljenje kroz bol; smrt kao prelazak koji traži oproštaj, pomirenje s okolinom, što je jedini uslov za spokojstvo i stanje mira sa samim sobom, koje omogućava utehu posle upokojenja; agonija kao egzistencijalni hod po mukama. Senekino samoubistvo ili Stradanje Hristovo, alternativa je jednostavna.

Pribegavanje paganima iz starine dopušta i suočavanje sa smrću – koju nećemo pripitomiti. Dvadeset i tri veka kasnije, Epikurov argument sačuvao je punu delotvornost. Filozof kaže da je se ne treba plašiti jer, kad ona dođe, nas više nema, a dok smo tu, nje nema. U stvari, ona nas se uopšte ne tiče. Lično, neću reći *uopšte*, pošto nas se tiče *kao ideja*.

Epiktet, opet, razlikuje ono što zavisi od nas (i povodom čega moramo delati) i ono što od nas ne zavisi (što moramo naučiti da volimo). S tom dragocenom idejom svakako možemo izvesti zaključak: nemamo moć nad činjenicom da ćemo jednog dana morati da umremo, dakle, naviknimo se na nju. Možemo, naprotiv, imati uticaja na stvarnost smrti koja, u skladu s epikurejskim načinom razmišljanja, ostaje prevashodno ideja, predstava. Utičimo, dakle, na tu predstavu: ona još nije tu, nemojmo joj davati više nego onoliko koliko moramo, kad kucne čas. Prezirimo je dok smo živi tako što ćemo pokrenuti celokupne snage koje joj se opiru, životom. Živimo ga punim srcem, potpuno, sladostrasno.

Materijalizam vodi vedrini. Smrt pretpostavlja ukidanje delovanja svega onoga što nam omogućava da uživamo ili da patimo. Dakle, smrti se nimalo ne treba plašiti. Ona svoje dejstvo ostvaruje prethodno, time što nas zastrašuje pomišlju na ono što nas čeka. Ali, ne treba nam oprisućenje negativinosti. Trenutak koji bude došao biće sasvim dovoljan. Suština je u tome da ne umremo za života – što se dešava izvesnom broju osoba koje su odavno umrle zato što nikad nisu naučile da žive, dakle, zato što nikad nisu zaista živele.

ŠESTI DEO
LIBERTARIJANSKA POLITIKIA

I

KARTOGRAFIJA BEDE

1

Liberalna imperijalna logika. Dva veka posle Francuske revolucije, kao svojevrsna proslava dvestogodišnjice, srušio se Berlinski zid, s kraja na kraj potkopavan, s Istoka i sa Zapada. Papa s tim nije imao nikakve veze, kao ni zapadni državnici, a još manje evropski intelektualci, pošto podstrek nije došao spolja, nego iznutra. Nije došlo do eksplozije sovjetskog sistema, nego do implozije mašinerije čiji su unutrašnji mehanizmi propali. Navodno revolucionaran, socijalistički i komunistički, a u stvari totalitaran i birokratski, Sovjetski Savez i njegovo carstvo srušili su se zato što nisu bili dijalektički, to jest, zato što nisu plastički slušali pouke koje je davala Istorija.

Taj datum stoji na ravnoj nozi s datumima koji obeležavaju pad policijskih, vojnih i fašističkih sila XX veka. U ime naroda i levičarskih ideja, taj je režim više od šezdeset godina u previše brojnim tačkama nalikovao nacističkoj i musolinijevskoj vojnoj diktaturi. Šta je ostalo posle toliko godina na vlasti? Ništa... Zemlja opustošena, u opštoj bedi, duboko traumatizovana, žigosana kroz niz pokolenja, isceđena. Nikakvo književno, filozofsko, kulturno, umetničko, naučno stvaralaštvo dostojno tog imena – potpuna propast.

Liberalni protivnik dobija iako nije ni vodio bitku. Ishod tog hladnog rata? Pobednik rešen da sovjetsku bedu zameni liberalnom bedom. Nestanak logora, naravno, otvaranje tržišta, svakako, ali takođe, i pre svega, širenje prostitucije, nepodeljeno carstvo prljavog novca, vladavina mafije, pojava gladi, masovno poprosjačenje, ograničavanje potrošnje samo na elite koje je stvorilo tržište, potrošačka logika, međunarodna trgovina nuklearnim materijama, etnički ratovi, surovo gušeni terorizam, na vlasti, smenjivanje stručnjaka za tajne službe, vojna pitanja i druge policijske specijalnosti. Marks je smatran za planetarnu kugu, Tokvil je postao univerzalna kolera.

Liberalizam je naizgled neprevaziđeni horizont našeg vremena. Kao i nekad, u vreme procvata sovjetskih uspeha, raspolaže intelektualcima, psima-čuvarima pod nadnicom i korisnim idiotima. Među takozvanim medijskim misliocima više se ne može prebrojati silna podrška Americi, čak i kad ova krši međunarodno pravo, izvrgava ruglu ratno pravo, gazi ljudska prava, nipodaštava planetarne pravne dogovore, po celom svetu naplaćuje kazne uz pomoć vrhovnog suda, podržava režime koje osuđuju udruženja za prava čoveka.

S one strane Atlantika, neki čak najavljuju kraj Istorije! Ništa manje... Kakve ima potrebe zamišljati nekakvo posle pored planetarne pobede američkog liberalizma? Svet je postao Jedan, nema više nijedne uverljive političke alternative koja bi od pobednika zatražila da položi račune. Kad ostvarenje Istorije zaustavi Istoriju, ostaje samo poštovanje pobednika, dizanje hramova, slavopojke, i kolaboracija.

A ipak, a ipak... Došao je *11. septembar* kao dokaz da se Istorija nastavlja. Poput Digenovog odgovora Zenonu – koračanja kao dokaza o ništavnosti teze koja poriče postojanje kretanja – razaranje jednog simbola – Svetskog trgovinskog centra – potvrđuje to nastavljanje. I te kakvo nastavljanje! Ubrzo je shvaćeno kako se Istorija produžava s jasno ocrtanom slikom novog protivnika liberalnog Zapada: političkim islamom koji na svoj način okuplja žrtve nadmenosti zapadnog tržišta. S takvim neprijateljem, koji ima Boga u bisagama i veruje da svaka pogibija u borbi smesta otvara vrata šećernog i medenog konačnog Raja, najavljuje se teška bitka.

Evropa je odavno izabrala svoje polje. Socijalistička levica na vlasti ideološki je suzbila redove liberalnog pobednika, pretvarajući se da je nadmena kako bi sakrila da na delu sarađuje a na rečima se opire, navodno držeći se načelnog stava. Desnici nije nimalo teško da se raduje svojoj prirodnoj teritoriji. Demokratija je promašila cilj. I u Francuskoj i u Evropi, nalazimo samo oligarhiju u prvobitnom značenju te reči: to je moć manjine, levice i desnice zajedno, koje se jednodušno klanjaju istim dogmama slobodnog tržišta i njegovom liberalnom veličanstvu. Tako sadašnja Evropa predstavlja korisnu kariku u lancu buduće planetarne vlade.

U Francuskoj se silna slaganja u mišljenju više ne mogu prebrojati: ceo telefonski imenik (svetskih ljudi) bivših maoista, trockista, situacionista, altiserovaca, marksista-lenjinista i drugih aktivista iz Maja '68 nije dovoljan da popiše otpadnike, prebege i službenike liberalizma iz tih krajnje strateški važnih oblasti – poslovanja, novinarstva, medija, izdavaštva, svakako politike, bankarstva, itd. Svima su poznata imena i karijere, svi znaju kako su napredovali i koliko su tašti i nadmeni onih nekoliko ljudi što danas bez zazora čitaju bukvice jednako samouvereno kao i u svojoj tridesetoj godini. Razlika? Danas hvale ono čemu su se podsmevali kad su to govorili njihovi roditelji!

Međutim, još postoji levica koja nije izdala, nego je ostala verna idealima iz vremena pre dolaska na vlast. Ona još veruje da ideje koje su socijalisti zagovarali pre 10. maja 1981. godine[1] ostaju aktuelne, baš kao i ideje Žoresa, Geda[2], Almana[3] ili Luiz Mišel.[4] Naravno, trebalo bi ih preformulisati, precizirati, prosejati kroz sito postmodernosti, ali samo zato da bi postale aktivnije, delotvornije, a ne zato da bi im se oduzela suština. Suverenost naroda, odbrana bednih i potlačenih, briga za opšte dobro, težnja društvenoj pravdi, zaštita manjina, sve to ostaju neosporni ideali.

Očigledno, tu *levicu koja je ostala levica* njeni neprijatelji nisu nazvali *levica na levici*, nego *leva levica*, ili drugim

---

[1] Dan kada je Fransoa Miteran izabran za predsednika Republike i kada se otvara novi period u istoriji francuskog socijalizma. To je prvo menjanje vlasti između levice i desnice u Petoj Republici. U junu iste godine socijalisti prvi put osvajaju apsolutnu većinu u Skupštini. – *Prim. prev.*

[2] Žil Bazil zvani Žil Ged (1845–1922) francuski političar. U svom časopisu *Egalite* (1877–1883) u Francuskoj je širio marksističke ideje. – *Prim. prev.*

[3] Žan Aleman (1843–1935) francuski sindikalista i političar. Tipografski radnik u Parizu, bio je zatvaran od 1862. godine zbog socijalističkih ideja, učestvovao u Pariskoj komuni, zbog čega je bio osuđen na doživotni prinudni rad i deportovan u Novu Kaledoniju. Amnestiran je 1879. godine i vratio se u Francusku.

[4] Luiz Mišel (1830–1905), ili Enžolras, anarhistkinja i jedna od najvećih figura Pariske komune. Bila je prva koja je ponela crnu zastavu i popularisala je u anarhističkom pokretu. – *Prim. prev.*

rečima, *levičarenje*. Slutimo da je to semantičko pomeranje kojim su se liberali poslužili ne bi li obezvredili tu misao i odbacili je kao jednu od utopija nezrelih i neodgovornih mozgova. Ti ljudi misle na desnicu, brane ideje desnice – zakon tržišta kao horizont koji se ne može prevazići – žive na desnici, viđaju se s ljudima s desnice a govore levici, i to rečnikom koji im omogućava da (im) njihovo otpadništvo ne izgleda previše radikalno: nisu se mogli baš toliko promeniti, dokaz je to što i dalje glasaju za levicu! Svakako, ali za koju levicu... U dućanima tih ljudi svako ko govori o Narodu postaje populista, a ko govori o Demokratiji, taj je demagog.

Kad će biti rečeno da to otpadništvo, to prebegavanje vladajuće levice liberalnom neprijatelju, ta oligarhija toliko medijski vidljiva da intelektualno teroriše svakog onog ko brani stvarnu ideju levice, to napuštanje suverenosti za kojim sledi stavljanje na raspolaganje nekom trećem autoritetu – Sjedinjenim Državama ili Evropi – to odbijanje elita da se povinuju zapovestima velikog broja ključnih vrednosti nasleđenih iz 1789 – Naciji, Državi, Republici, Francuskoj, pod izgovorom da je to niz višijevskih, petenovskih, fašističkih krilatica – kad će biti rečeno da to otpadništvo već četvrt veka dovodi naciju do očajanja, pruža osnovu za glasanje za eksremnu desnicu i opravdava ga?

2

Prljava beda protiv čiste bede. Francuski intelektualci preziru Bilankur[1]. Šta to znači, Bilankur? Ne samo radničku klasu koja više ne postoji kao nekad. Onu koju je Simon Vej

---

[1] Bulonj-Bilankur, radničko predgrađe Pariza. – *Prim. prev.*

opisala u Radničkom stanju, onu kojoj je Sartr posvetio gusto ispisane stranice *Kritike dijalektičkog uma*, onu koju je Kami potpisivao u svojim hronikama za *Aktuel*. Ne tu, nego ovu novu verziju jadnika koje analiziraju, pokazuju, raščlanjuju Pjer Burdije i njegovi u *Bedi sveta*. To su sekretari i čuvari zgrada, zemljoradnici i nezaposleni, sitni trgovci i nastavnici u ZPE[1], ljudi iz predgrađa i doseljenici, samohrane majke i sezonske radnice, izbacivači i povremeni zabavljači, metalski radnici i diplomirani pravnici na ulici, patroldžije u uniformama i zaposleni na privremenoj zameni, svi oni na koje političarska politika zaboravlja, sve žrtve liberalnog nasilja, svi koje je potrošačko društvo ostavilo neprodate.

Da li Burdije treba da otkrije nešto što je bilo namerno skrivano pokazujući svu tu bedu, pa da od tog čoveka koji daje reč zaboravljenim ljudima odmah napravimo žrtvenog jarca na kojeg se sručuju maltene svi novinari što su se slizali s maltene svim intelektualcima koji su njegovo ime, rad, čast, metodu, karijeru, ugled vukli po blatu. I to sve do časova koji su usledili za njegovom smrću. Raskrinkao sam te gnusne stranice i rekao šta o tome mislim u *Grobnici za Pjera Burdijea* pod naslovom *Slavljenje koleričkog genija*.

Neka onoga ko postavi ogledalo bude sram! Ne smetaju oni koji su odgovorni za takvo stanje stvari, oni koji su krivi za tu opštu bedu. Još bolje: njih treba poštedeti, ne treba ih spominjati niti imenovati. A zatim se viče na čoveka koji radi svoj posao intelektualca, filozofa, angažovanog mislioca, sociologa i ispriča muku, dâ joj identitet,

---

[1] Zone prioritarne edukacije, ili ZPE, gde su smeštene školske ustanove s dodatnim sredstvima, pre svega posebnim nadoknadama za predavače, i s većom autonomijom kako bi mogle da se nose sa školskim i društvenim problemima. – *Prim. prev.*

uvede u formulu, kao svedoke pozove žrtve bez lica i bez imena. Teško onome ko ne sarađuje i ko pruža otpor: na njega se puštaju psi koji neće ustuknuti ni pred kakvim sredstvom kako bi obezvređivali, krivotvorili, lagali – kao u najboljim danima predsedavanja Žana Kanape[1].

Ostavimo, dakle, po strani te smrdljive prostake, prodavce tamo nekih novina koje preskačemo na ulici kad krenemo od kuće da uhvatimo avion za Teheran, Kigali, Sarajevo, Alžir, Bagdad ili Grozni, te nebeske sfere čiste bede gde između dva luksuzna hotela pravimo reportaže koje nam pružaju priliku da, recimo tri dana kasnije, držimo predavanja o humanosti, o pravima čoveka, o spoljnoj politici, na stupcima novina koje šire svoje stranice baš kao što oni drugi šire guzove, iz profesionalne navike. Bilankur? Previše narodski, previše trivijalan, previše provincijalan...

Kad je beda negde daleko, kosmopolitska, svetska i planetarna, kada dopušta da nekako malroovski na pozornicu izvedemo sebe, e, onda možemo da joj posvetimo svoju ličnost, talenat i energiju: iz toga izvlačimo i opipljivu korist, nakon što sebe uspostavimo kao vrednost koja se može unovčiti na izdavačkom tržištu, na tržištu mondenske, spektakularne i medijske inteligencije. Marks je, međutim, upozoravao žutokljunce da se istorija uvek ponavlja prema neumoljivom zakonu: tragedija se uobličava kasnije, svakako, ali na komičan način... Ne može svako da bude Rene Šar ili Džordž Orvel.

U *Politici pobunjenika* opisao sam taj novi pakao tako što sam vratio u upotrebu jaruge iz *Božanstvene komedije*:

---

[1] Žan Kanapa sedamdesetih godina bio je član politbiroa Komunističke partije Francuske. – *Prim. prev.*

onemogućeni da delaju i neproduktivna tela: starci, ludaci, bolesnici, prestupnici; *neproduktivne snage*: ilegalni doseljenici, političke izbeglice, nezaposleni, oni koji žive od socijalne pomoći, privremeno zaposleni; *izrabljivane snage društvenog tela: nomadi i svi lišeni osiguranja*: radnici po ugovoru, pripravnici; ili *žitelji i lišeni osiguranja*: adolescenti, privremeno zaposleni, prostitutke, proleteri, sezonski radnici. Milioni osoba isključeni su iz društvenog tela, izbačeni iz logike koja sebe naziva demokratskom.

Lišeni zastupnika, nikad ne pominjani, neprestano sklanjani u stranu, nevidljivi u svetu kulture, politike, književnosti, televizije, medija, reklama, filma, reportaža, univerziteta, izdavaštva, pod zabranom vidljivosti, oni su dokazi preko otpadaka, čijeg postojanja oligarsi ne vole da se sete, da sistem radi dobro i punom parom. Svako vraćanje onoga što je potisnuto dovodi ih do besa, i spremni su da dozvole sve kako bi ovi bili uništeni, sprečeni i rastureni. Čak i po cenu da se, naravno, pribegne i radiklano nemoralnim rešenjima.

Poricanje tog dela stanovništva koji pati, okretanje reflektora ka čistoj planetarnoj bedi, kidanje spona između intelektualca i društva, poricanje prljave bede, raspad vladajuće levice, razvodnjeni proizvod libertarijanske liberalne težnje – u kojoj dobro vidimo liberalizam, ali onaj libertarijanski deo ostaje duboko sakriven... – sve to stvara bilo izostajanje iz politike u vreme izbora, bilo glasanje za čisto protestovanje radi protestovanja, odnosno još jedno uvećavanje magline ekstremne desnice. Poricanje prljave bede proizvodi vraćanje onoga što je nihilizam potisnuo.

3

Mikrološki fašizam. Minulo je doba fašizma pod šlemovima, pod oružjem i u čizmama. Ta formula ima prednost zato što je vidljiva: oblici iskorišćavanja ponavljaju se na ulici, u policijskim stanicama, u vojnim školama, u medijima, na univerzitetu i na drugim osetljivim mestima civilnog društva. Državni udar po pučističkom principu uz pomoć kolone blindiranih vozila i četa određenih elitnih vojnika, bez vere i zakona, sve je to prošlo. Sjedinjene Države uveliko su to koristile u Južnoj Americi u XX veku, neke afričke zemlje i dalje istrajavaju na tom zastarelom uzoru, ali fašizam više ne pribegava tako grubim veštinama. *Lavlji fašizam* sad je ustupio mesto *lisičjem fašizmu*: to zaslužuje analizu.

Najpre, lavlji fašizam: on je banalan, klasičan, uveden u knjige iz istorije, i pretpostavlja mističku nacionalnu zajednicu koja *vidljivo* ždere i guta individualnosti u korist nekog višeg mističkog tela – Rase, Naroda, Nacije, Rajha... Privatan život nestaje u loncu za topljenje u kojem se stapa sa svemoćnom zajednicom. Propaganda prodire u sve oblasti i tačno, neopozivo i jednoobrazno određuje šta će se čitati, misliti, trošiti, oblačiti, kako se ponašati. Govoriti drugačije za čoveka postaje teško, izlaže ga napadima, omalovažavanju, odnosno zabrani. Razum ne vredi ništa, čak se predstavlja kao činilac propadanja, zametak raspadanja, i postaje miliji nacionalni nagon, narodni poriv, iracionalna energija masa koja se izvlači silom putem govora i tehnika medijskog potčinjavanja. Uobličavanje tog čistog bezumlja pretpostavlja postojanje harizmatičnog vođe, velikog organizatora, načela kristalizacije.

Zatim, lisičji fašizam: on izvlači pouke iz prošlosti i pretpostavlja formalne pripreme, revolucije označitelja. Jer liberalizam je, opet, plastičan, u tome i jeste njegova snaga. Državni udar nije omiljen: previše je vidljiv, previše neodbranjiv u vreme planetarne medijalizacije i pune moći slike. Loš žanr... Zato se makijavelijevsko lavlje nasilje sklanja u korist lisice, koja spada u isti bestijarijum, ali je poznata kao lukava, prepredena, varalica. Lav pribegava sili vojske, lisica snazi opreznog delovanja.

Što se tiče sadržaja, stvari se malo menjaju: uvek se radi o tome da se različito svede na jedno i da se individualnosti podvrgnu zajednici koja ih nadilazi; pribegava se magijskoj misli i nagonima radije nego razumu; ljudi se zastrašuju; teror se opravdava borbom protiv neprijatelja pretvorenog u žrtvenog jarca; manje se obuzdava put a više potčinjavaju duše; ne muče se tela, nego duh; ne pušta se vojska na juriš; pameti se oblikuju da više ne misle: ništa naročito novo, osim pakovanja...

Uspeh poduhvata je potvrđen: u oblastima liberalne vlasti – mastrihtska Evropa svakako im pripada – izdavaštvo i štampa služe istu bljutavu čorbicu; političari na vlasti, svejedno da li levičari ili desničari, brane isti program uz lažne razlike usklađene radi predstave; vladajuća misao slavi misao vladara; tržište je zakon u svim oblastima – obrazovanju, zdravstvu, kulturi, naravno, ali i u vojsci i policiji; stranke, sindikati i skupštine učestvuju u oligarhiji i tako reprodukuju društveno kao istovetno; omalovažava se javna upotreba kritičkog uma u korist iracionalnih logika komunikacije – koje finansijski konzorcijumi u monopolističkom položaju vešto pretvaraju u pozorište i za njih pripremaju scenografiju; dolazi do svakodnevne manipulacije masama koju kanališe televizija; onemogućava se svaki malo jači stvaralački poduhvat u korist religije potrošnje, itd.

Taj lisičji fašizam mikrološki je, pošto se ispoljava u beznačajnim i sićušnim prilikama. Pouka Mišela Fukoa: moć je svuda. Dakle, u prazninama, pukotinama, međuprostorima stvarnog. Ovde, onde, tamo, na maleckim površinama, u tesnim prostorima. Po hiljadu puta dnevno, to lisičje lukavstvo ostvaruje svoj upliv.

Još jedna majstorska pouka, La Boesijeva: on u *Besedi o dobrovoljnom ropstvu* govori da se svaka vlast ostvaruje uz pristanak onih nad kojima se sprovodi. Taj mikrofašizam, dakle, ne dolazi odozgo, nego isijava u rizomski svet putem prenosnika – potencijalno, to je svako od nas... – koji postaju provodnici te loše energije. Ovaj zaključak jeste prvi stav nužan za logiku otpora. Kad znamo gde leži otuđenje, kako funkcioniše, odakle potiče, možemo s optimizmom da gledamo na ono što sledi.

II

HEDONISTIČKA POLITIKA

1

Libertarijanski kolerički genije. Gde je levica? To pitanje je aktuelno, razume se, ali je i temeljnije. Kad je nastala? Gde se nalazi? Šta je određuje? Koje su njene bitke? Kako izgleda njena istorija? A njena velika imena? Najslavnije bitke? Njeni promašaji, ograničenja, zone u senci? Socijalizam, komunizam, staljinizam, trockizam, maoizam, marksizam-lenjinizam, socijal-liberalizam, boljševizam, sve je to deo nje, naravno. Ali šta imaju zajedničko Žores i Lenjin? Staljin i Trocki? Mao i Miteran? Sen-Žist i Fransoa Oland[1]? *U teoriji*: želju da ne pristaju na siromaštvo, bedu, nepravdu, izrabljivanje ogromne većine koje sprovodi šaka imućnih. *U praksi*: Francusku revoluciju, 1848, Komunu, 1917, Narodni front, Maj '68, Pariz 1981-1983... Ali takođe, u njihovo ime: Teror '93, Gulag, Kolimu, Pola Pota. Eto šta je Istorija – pomešani nagon za životom i nagon za smrću.

---

[1] Fransoa Oland (1954) francuski političar, od 1997. na čelu Socijalističke partije. – *Prim. prev.*

A duh levice? Ako je suditi po onome što je ostvareno samo u istoriji Francuske: *ravnopravnost građana pred zakonom* 1789. godine – Jevreja i nejevreja, muškaraca i žena, belaca i crnaca, bogataša i siromaha, Parižana i provincijalaca, plemića i običnih građana, učenih ljudi i zanatlija; *društveno bratstvo* radnika – društvena gradilišta i posao za sve 1848. godine, četrdesetočasovna radna nedelja i plaćeni odmori 1936; *slobode* koje obuhvataju najveći broj ljudi, kad su sklonjene barikade iz Maja '68. Ta postignuća proističu iz upotrebe sile i snage koleričkog genija revolucije. Energija koja teče kroz ta tri veka predstavlja ono što ja zovem *mistika levice*. To je arhitektonska sila koju ili osećamo ili ne osećamo i kojoj pristupamo ili ne pristupamo. Ona ne potiče toliko od racionalnog zaključivanja koliko od površinske situacije u odnosu prema sebi: i tu egzistencijalna psihoanaliza može pokazati prisustvo daha u našem ja – ili njegovo odsustvo...

2

Levo ničeovstvo. Levo ničeovstvo smatram za najistureniju tačku koleričkog genija XX veka. Opšteprihvaćeno verovanje ničeovstvo uvek vezuje za misao desnice. Plavokosi arijevac plavih očiju kao da predstavlja otelovljenje Zaratustre za mnoštvo neobrazovanih ljudi koji uzimaju zdravo za gotovo krivotvorine misliočevih tekstova koje je izvela njegova naci-sestra. Kad pročitamo delo, ne možemo tog rušitelja Države, tog mahnitog antiantisemitu, tog bljuvača Rajha, tog neprijatelja vojnog nasilja ikad više da nazovemo nacistom, pa čak ni saputnikom nacional-socijalističke avanture.

Istoriografija od prvog trenutka isto tako prećutkuje i postojanje levog ničeovstva: pročitajmo *Rođenje tragedije, Ljudsko, previše ljudsko* ili *Osvit* i videćemo šta potvrđuje ovo filozofsko upozorenje nečuveno u levičarskoj misli. I nalazimo: radikalnu kritku svakog jevrejsko-hrišćanskog asketskog ideala, poduprtu žestokim napadima na katoličku crkvu – eto šta će obradovati antiklerikalnu slobodnu misao; temeljnu kritiku rada u njegovoj suštini, gde težak rad postaje društvena prilika za politiku čoveka s urođenim nagonom slobode – eto šta će zadovoljiti borce za smanjenje radnog vremena i one koji odbijaju da od rada kao nužde prave vrlinu; kritiku porodice i predrasude o monogamiji, te otuda i logike začinjanja – eto čemu će se obradovati zagovornici širokih sloboda; ranu kritiku onoga što se još ne zove potrošačko društvo, ali već najavljuje fetišizaciju i religiju predmeta – eto šta će oduševiti pobornike nulte stope rasta; kritiku države poduprtu pohvalom moći pojedinca – eto šta će podjariti individualističku tradiciju libertarijanske levice; kritiku nacionalizma – eto šta će oduševiti zagovornike internacionalizma; kritiku antisemitizma i pohvalu jevrejskom geniju – eto šta je punilo srca drajfusovaca juče, ali i danas...; kritiku kapitalizma, liberalizma i buržoazije – eto šta će udovoljiti glasaču levice; kritiku bogaćenja preko kapitala i poziv da se nacionalizuju određene grane – prevoz i trgovina – u slučaju da previše brzo stvaraju prevelike prihode na štetu javne bezbednosti i siromaha – eto šta će konačno dovesti do slaganja u mišljenju.

U Nemačkoj, tu struju levog ničeovstva uvodi Gistrov, zatim u Rusiji Evgenij de Roberti, u Francuskoj, Brak--Deruso, Danijel Alevi, Šarl Andler. Žores se nije prevario i tu struju sledio je u stopu. Godine 1902. u Ženevi, socijalistički tribun oslanja se na *Tako je govorio Zaratustra* kako bi govorio u slavu aristokratizacije masa i venčanja proletarijata i nadčoveka. Od tog niza predavanja nije ostalo ništa osim novinskih izveštaja. To je prva generacija, ona pre Prvog svetskog rata, koja je Ničea pretvorila u Nadšvabu. Druga generacija pere filozofa od sumnji da je odgovoran za klanicu 1914-1918. *Kolež za sociologiju* vraća se tekstovima i od ovog mislioca traži da pomogne u shvatanju epohe i u borbi protiv evropskih fašizama: Rože Kajoa, Mišel Lejris, Žorž Bataj, kome dugujemo izvanredno zadovoljenje pruženo Ničeu posle Drugog svetskog rata – koji je imao žalosne posledice po ugled čoveka koji je napisao *Ecce homo*. Po slobodnom izboru: Anri Lefevr, marksista i ničeovac, predlaže na nesreću slabo poznatu sintezu, u programskom spisu *Niče* napisanom 1937. godine i objavljenom dve godine kasnije. Treća generacija vraća Ničea na scenu u Roajomonu 1964: Delez – pisac knjige *Niče i filozofija* iz 1962 – i Fuko, naravno, kao i dela ove dvojice i još nekih autora posle Maja '68 koji nisu škrtarili na ničeovskom duhu. Ni neka četvrta generacija ne bi bila suvišna...

Forme nam danas izgledaju neophodne da bi se mogla strukturisati ničeovska logika levice. Ja držim do anarhističkih formi. Danas je tradicija anarhističke levice u istoriji političkih ideja na slaboj ceni. I tu ćemo protresti istoriografiju koja odavno okamenjuje istoriju anarhizma u niz klišea koji treba da budu prevaziđeni. Hronologija, velika imena, dela, činjenice i postupci, anegdote, junačko držanje, sve to zaudara na katihizis kojim se služe borci za ideju –

koji ga, uostalom, vrlo često koriste popovski i neumereno. Vilijam Gudvin kao utemeljivač? To tek treba dokazati. Pridon, izumitelj? Njegova misao ide mnogo dalje, ali i mnogo manje daleko, jer u njoj nije izostao i niz stavova koji uveliko pritvreče libertarijanskom duhu: mizoginija, antisemitizam, militarizam, neko vreme i deizam... Štirner[1]? Zaista? On, čija je knjiga *Jedini i njegova svojina* bila Musolinijev molitvenik? A ne možemo, kada držimo tekst u ruci, ni da uzviknemo, pogrešno tumačenje. Bakunjin antimarksista? Kad je reč o obliku, i o ličnim svađama – ali kad govorimo o suštini, ne toliko. Uostalom, kakva je veza između Ravašolovih ubistava[2] i slatkih pedagoških zajednica Sebastijena Fora[3]? Anarhističkom sazvežđu potrebna je crvena nit...

I tu treba misliti dijalektički i primiti pouke od istorije, te prilagoditi teoriju praksi: Kropotkinovi zaključci važe za carističku Rusiju s lojanicama, naravno, ali ne nužno i za postmodernu Evropu s računarima. Danas pobornici anarhizma previše često na korpus anarhističkih spisa gledaju onako kako hrišćanin gleda na crkvene oce: sa strahopoštovanjem, uvažavanjem, onako kako unuci gledaju na svog dedu. Oni doslovno traže svetlost sveća iz XIX veka da osvetle naše doba.

Ja ipak želim da radije svoj rad vežem za ono što još nedostaje na stranicama istorije anarhizma objavljenim u

---

[1] Johan Kaspar Šmit (1806–1856), poznatiji pod imenom Maks Štirner, nemački filozof, levi hegelovac, smatra se za jednog od prethodnika egzistencijalizma, nihilizma i anarhizma, posebno individualističkog anarhizma. – *Prim. prev.*
[2] Fransoa Klodis Kenigstein, zvani Ravašol, anarhistički terorista rođen 1859. a pogubljen na giljotini 1892. godine. – *Prim. prev.*
[3] Sebastijen For (1858–1942) francuski anarhista. – *Prim. prev.*

ovo vreme: onima koje uključuju Maj '68 i ono što je došlo potom. Ne radi samih činjenica, nego radi ideja koje su do njih dovele, koje ih prate i iz njih proističu: tako treba ponovo razmotriti Anrija Lefevra i njegovu *Kritiku svakodnevnog života*, ponovo pročitati *Raspravu o umeću življenja za mlade generacije* Raula Vanegema[1], još jednom uzeti u ruke Fukoovo *Nadzirati i kažnjavati* i *Hiljadu ravni* Deleza i Gvatarija, ili *Carstvo* Majkla Harta i Tonija Negrija[2]. Iako ti autori ne tvrde da imaju anarhističke stavove, njihovi radovi pružaju nam mogućnost da analiziramo savremeno libertarijanstvo više i bolje nego arhiv Žana Grava[3], Hana Rinera[4] ili Lakaz-Ditjea[5]...

3

Dokrajčiti Maj '68. Koji je cilj libertarijanske misli? Dokrajčiti Maj '68, ne poput bolesne životinje, nego u značenju *okončanja*, dovođenja do kraja posla koji nije potpuno završen. Naime, duh Maja omogućio je da dođe do značajnog i neophodnog trenutka poricanja: ta revolucija, metafizička, a ne politička, iz korena je promenila odnose između bića. Tamo gde je hijerarhija opterećivala svaku intersu-

---

[1] Raul Vanegem, (1934), belgijski pisac, revolucionar i filozof. Zajedno s Gijem Deborom aktivno je učestvovao u Situacionističkoj internacionali od 1961. do 1970. godine. – *Prim. prev.*

[2] Kao značajan događaj u političkoj teoriji, knjiga *Carstvo*, plod dugogodišnje saradnje profesora književnosti sa Univerziteta Djuk Majkla Harta i radikalnog teoretičara Antonija Negrija (Harvard, 2000) promenila je način razmišljanja o imperijalizmu, predlažući decentralizovanu globalnu mrežu i iznova opisujući kapital u poststrukturalističkim terminima Deleza i Gvatarija, kao dinamički obrazac lomova i protoka. – *Prim. prev.*

[3] Žan Grav (1854–1939) značajni aktivista francuskog anarhističkog pokreta. U početku socijalista, postao je anarhista posle 1880. godine i

bjektivnost, sve je zbrisano: između roditelja i dece, muža i žene, profesora i studenata, mladih i starih, gazde i njegovih radnika, muškaraca i žena, državnika i građana, moć božanskog prava se srušila. Svi su se ontološki našli na jednakoj nozi.

Razaranje je zahvatilo ogroman broj mesta, bez razlike: školu, fabriku, kancelariju, radionicu, spavaću sobu, kuću, univerzitet i još mnoga druga. Poricanje je neumoljivo porušilo ono što je činilo strukturu starog sveta: autoritet, poredak, hijerarhiju, moći. Nestalo je svako ograničenje, poništena svaka zabrana, oslobođena želja, svakako. Ali, radi čega? Kako bi se dobilo, šta? Bez alternativnih vrednosti, ta želja da se sruši stari svet blista, kako mi se čini, samo negativnošću koja, paradoksalno, hrani savremeni nihilizam.

Politička moć zabeležila je smrt Oca – drevnog pretka, starog republikanskog zakona, Istorije otelovljene u liku generala De Gola – tačno – ali samo zato bi se puna moć dala nekom drugorazrednom stvorenju. Pompiduizam je okupio desnicu, obezbedio klijente, povratio poredak u ime banke, napretka i modernosti. Šezdesetosmašima je ostavljeno metafizičko gradilište u skladu s državnim Majem, zatim su betonirani putevi duž obala, sagrađen Bobur,

popularizovao ideje Pjotra Kropotkina. – *Prim. prev.*
4 Žak Eli Anri Ambroaz Ner, zvani Han Riner, individualistički anarhista, pacifista i antiklerikalac (1861–1938). Nakon što je 1894–1895. objavio dva romana, kreće se u književnim krugovima, viđa Alfonsa Dodea. Svoju misao razvijao je pod uticajem antičkih filozofa, prc svcga stoičara. – *Prim. prev.*
5 Žerar de Lakaz-Ditije (1876–1958) individualistički anarhista, prijatelj umetnosti i pacifistički intelektualac. Profesor književnosti, sarađuje u libertarijanskoj štampi. Godine 1931. izbacio je krilaticu „Od svog života napravi umetničko delo". Bio je saradnik *Anarhističke enciklopedije* Sebastijena Fora i autor četrdesetak knjiga o pacifizmu, anarhizmu, naturizmu, itd. – *Prim. prev.*

napravljeno mesto za žiskarizam ubrzo otelovljen u Miteranu, koji je reciklirao bivše levičare. Kraj pustolovine...

Posle Maja '68, nijedna nova vrednost nije ugledala dana. Sumrak kao da se, uostalom, spustio na sav moral. Odbačen je tatin moral i pradedino građansko vaspitanje, izvestan broj ključnih tačaka etike je izvrgnut podsmehu, kritikovane su stare ideje – poslušnost, učenje, pamćenje, zakon – ismejani su nekadašnji fetiši – Nacija, Država, Republika, Pravo, Francuska – i jednog dana je na televiziji otkriveno kako izgleda naše doba: kao podbulo lice dan posle slavlja.

Dokrajčimo to bedno stanje stvari. Okrenimo se, radije, gramšijevskom ponovnom osvajanju levice, koja je mrtva otkako se odrekla ideja kako bi se bolje prodala najboljim ponuđačima čak i po cenu da im dozvoli da ponovo uživaju u predsedničkim palatama i prebendama moći u državi. Postoje ideje uz pomoć kojih se mogu rešiti savremene teškoće koje se postavljaju pred levicom na polju etike, politike, ekonomije.

III

PRAKSA OTPORA

1

Pojedinac postaje revolucionaran. Niko više ne veruje u revoluciju u obliku Blankijevog ustanka[1]. Čak se i liberalni kapitalizam odrekao državnih udara čiju je teoriju razrađivao Malaparte! Marksova ideja o tome zbog čega promena ekonomske infrastrukture automatski menja ideološke superstrukture nigde više ne služi kao uzor. Nasilno kolektivno prisvajanje sredstava za proizvodnju ne menja ništa na stvari: ideologija postupa prema logici drugačijoj od logike fiziološkog proticanja načina proizvodnje... Ideje žive manje sažetim životom.

---

[1] Luj Ogist Blanki (1805–1881) francuski socijalistički republikanski revolucionar, često pogrešno povezivan sa utopijskim socijalistima, borio se za opšte pravo glasa, ravnopravnost muškaraca i žena, ukidanje dečijeg rada, itd. Kao socijalista, Blanki se zalaže za pravičnu raspodelu bogatstva u društvu. Ali, blankizam se u više pogleda razlikuje od drugih socijalističkih struja svog vremena. S jedne strane, nasuprot Marksu, Blanki ne veruje u duh radničke klase ni u masovne pokrete: smatra da revoluciju mora izvesti mali broj osoba koje će silom uspostaviti privremenu doktaturu. Taj prelazni period tiranije treba da omogući da se postave osnove novog poretka, a zatim da se narod vrati na vlast. – *Prim. prev.*

Kapitalizam je plastičan. On se ne odriče postojanja dok ne pribegne mnoštvu lukavstava i sredstava pre nego što prizna da je poražen. Istoriju tih preobražaja tek treba napisati: privrženost, bliskost, osećanja prema *paternalističkom kapitalizmu*; pozivanje na velike fetiše – slobodu, pre svega preduzetništva – *u čisto liberalnoj varijaciji*; pozivanje na društvenu osetljivost u slučaju *socijaldemokratske verzije*; sirova grubost *fašista pod šlemovima*; zavođenje poželjnim predmetima kod *liberala libertarijanca*; istrajno prodiranje kroz pore u u slučaju savremenih *mikroloških fašizama*. Pakovanje i oprema svaki put najavljuju novinu, ali roba ostaje ista...

Da li odricanje od ustanka i uopšte od njegove mogućnosti obeležava kraj svake prakse? Da li od sad treba da oplakujemo smrt revolucionarne akcije? Ili još ima neke nade, i ako je ima, u kojim oblicima? Da li je revolucija ideal koji se još može braniti? Po koju cenu? Radi čega? S kim? S kakvim ciljem? Kako bi se Blanki mogao pomiriti s našim dobom? Da li bi i dalje tražio državni udar koji usmerava javno mnjenje kad lukavstvo pruža mogućnost da se prođe bez teškoća i da se zadugo ostane na vlasti? Pouka Ogista Blankija ne leži u slovu njegovih spisa, niti u njegovim postupcima na barikadama, nego u duhu njegovog postojanja: smeranju da se proizvedu revolucionarne posledice.

Zadržimo se malo na pojmu revolucije: šta ona danas znači? Zaobiđimo astronomsko značenje: naime, svaka revolucija pretpostavlja kruženje, naravno, ali samo zato da bi se stiglo u polaznu tačku. Veoma često, tako se i dešava: ruska revolucija srušila je carizam, odista, ali samo zato da bi uspostavila režim mnogo suroviji od režima carske knute! Takva lažna promena nije poželjna: ona održava zabludu, baca u očajanje i trajno razočaranje.

Revolucija nije ni radikalna promena, ukidanje prošlosti, *tabula rasa*. Razaranje pamćenja nikad nije omogućilo da se sagradi bilo šta što bi zasluživalo da traje. Mržnja prema prošlosti, Istoriji, pamćenju – što su simptomi našeg sumračnog doba... – stvaraju priviđenja, aveti i jalova istorijska razdoblja. Autodafe, ikonoboračko oduševljenje, paljenje građevina, razni rušiteljski poduhvati približavaju životinjstvu ali nikako ne vode napredovanju razuma.

Pa gde je onda revolucija? U hegelovskoj logici pod imenom *aufhebung*: očuvanje i prevazilaženje. U tom dijalektičkom procesu koji omogućava da se oslonimo na datost, prošlost, istoriju, pamćenje, kako bismo dobili podsticaj koji, poštujući taj oslonac, ide dalje i stvara nove mogućnosti postojanja. Ta dijalektika ne predstavlja radikalan raskid nego stavljanje pod krov, i otvoreno i slobodno napredovanje ka dalekim horizontima. Obnovimo uvek aktuelan projekat Kondorsea, koji je verovao u napredak ljudskog duha. I dajmo tom radikalnom duhu sredstva pomoću kojih može značajno napredovati.

Šta da se radi? Da se ponovo čita La Boesi i da se iznova aktiviraju njegove glavne teze: vlast postoji, rekli smo to, samo uz pristanak onih nad kojima se sprovodi. A ako tog pristanka nema? Nema ni vlasti, ona gubi uticaj. Naime, div na glinenim nogama stoji – i to je slika iz *Besede o dobrovoljnom ropstvu* – samo na pristanku izrabljivanog naroda. Izvanredna je to rečenica: *budite rešeni da više ne služite, i već ste slobodni* – tako piše prijatelj Mišela de Montenja. Od XVI veka, ništa se nije promenilo. Surovost liberalizma postoji samo kroz pristajanje onih koji ga trpe. Ako bi odbili kolaboraciju... – ova reč je važna – ta tvrđava bi postala samo gomila kamenja.

Liberalno nasilje nije platonovsko, palo s neba i poteklo od čistih ideja. Ono se penje s tla, izbija iz zemlje, otelovljuje se, dobija ljudski lik, koristi prolaze što se mogu utvrditi i što su ih otvorili ljudi koji imaju lica; ono postoji zbog onih koji doprinose rađanju i opstajanju tog čudovišta; ono se otelovljuje na određenim mestima i u određenim ličnostima, određenim okolnostima i određenim prilikama; ono se pokazuje; vidljivo je, što znači i krhko i slabašno, dostižno, izloženo, i tako se protiv njega možemo boriti, sprečavati ga, onemogućavati.

Sama priroda mikrofašizama primorava nas na mikrootpore. Kad god se pojave negativne snage, suprotstavimo im reaktivne snage i zaustavimo širenje mračne energije. Budimo nominalisti: liberalizam nije platonovska suština nego opipljiva, otelovljena stvarnost. Ne borimo se protiv pojmova isto onako kako se borimo protiv konkretnih situacija. Na terenu imanencije, revolucionarna akcija određena je odbijanjem da se pretvorimo u transmisioni remen negativnosti.

Sada i ovde, a ne sutra ili za neku svetlu budućnost, kasnije – jer sutra nikad nije danas... – Revolucija ne čeka da Istorija s velikim I bude raspoložena za nju; ona se otelovljuje u mnoštvu situacija na onim mestima na kojima je pokrenemo: u porodici, u radionici, kancelariji, u braku, kod kuće, pod porodičnim krovom, čim se neko treći umeša u vezu, svuda. Nema opravdanja da se ostavlja za sutra ono što se na kraju nikad i ne uradi: šta su revolucionarno mesto, vreme, okolnosti, prilika? Ovaj trenutak. Pošto je utvrdio da je došao kraj svakoj mogućnosti revolucije kroz ustanak, Delez je pozvao *pojedince da postanu revolucionarni*. Njegov poziv sačuvao je svu svoju delotvornost i sav svoj potencijal.

Naravno, to odbijanje dobija samo ako nije usamljeno: naime, liberalna moć i vlast raspolažu sredstvima da se usamljeni pobunjenik privede razumu, brzo slomi, rasturi i zameni. Svaka izdvojena akcija pruža mogućnost da smesta bude ugušena. Osim u slučaju kad neko oseća pozvanje za mučenika – jalovo i kontraproduktivno... – junaštvo, ukoliko nije spoj mnogih, predstavlja rasipanje dragocene energije na čist gubitak. Neprestan otpor, to da; građenje sopstvenog postojanja tako da ono ne predstavlja samo zupčanik u nekoj zlokobnoj mašineriji – to je još bolje, ali u stvari se moramo okupljati, sabirati snage, povećavati šanse za pobedu svoje ideje, a to je: usporiti, zakočiti, zaustaviti, prekinuti rad mašine, kako bi postala nedelotvorna i neupotrebljiva. Od inercije do sabotaže.

2

Udruženje egoista. Maks Štirner, koji dobro zna šta znači očuvanje subjektivnosti i njena jedinstvenost, shvatio je koliko akcija Jedinog ostaje ograničena naspram surovosti uspostavljenih vlasti. On, koji ne trpi nikakve prepreke slobodnom širenju svog *Ja*, koji *Ja* misli onako kako vernik misli božanstvo, potrudio se da smisli ovu moćnu ideju: *udruženje egoista*. Razume se, on govori u slavu potpune slobode za pojedinca, ali u isti mah shvata i koliko je za tog pojedinca značajno da ne ostane usamljen. To bi značilo da se previše izlaže, da je samo njegovo biće u prevelikoj opasnosti.

Još od Žorža Sorela i njegovih *Razmišljanja o nasilju* poznata nam je uloga koju mitovi imaju u politici. Ne fikcije, basne ili priče za mentalne maloletnike, nego ideali i utopije koji omogućavaju udruživanje i tako postaju korisni za usmeravanje delovanja. Mogli bismo pokazati koliko Država, Nacija, Republika – današnja Evropa... – pre nego što postanu stvarnost, opsedaju pamet ljudi spremnih da delaju zarad tih ideja arhetipskog uma i da proizvode opipljivu istoriju.

Planetarna vlada kojoj teže liberali sa svih kontinenata – osim ako i tu već nije reč o stvarnosti... – priziva na odgovarajuće žestok odgovor. Najpre, stvaranjem ideala razuma: *rizomski otpor*, koji će potom imati jasno utvrđene ciljeve – *hedonističku politiku*. Već sad imamo cilj, i sredstva da do njega dođemo. Politika se neće obnavljati kroz stvaranje velikih neprimenljivih sistema, nego kroz proizvođenje sitnih mehanizama opasnih koliko i zrno peska u zupčaniku savršene mašinerije. To je kraj neskromne istorije i dolazak istorije skromne, ali delotvorne.

Taj rizomski otpor širi se preko prostora pojedinačnog – kroz uzornost života u otporu ili nagomilavanje situacija u kojima se otpor pruža – ili šire, kroz prostore kolektivnog, prostore udruženja egoista. Te alternativne mreže odmah postaju delotvorne, od trenutka kad spontano, dobrovoljno i promišljeno nastanu. Ugovor o delovanju tih udruženja je precizan, uzajamno obavezujući, obnovljiv, i može biti raskinut u bilo kojem trenutku. Ovo sabiranje snaga mora se zadovoljiti time što će neophodnu energiju usmeriti na inerciju ili sabotažu. Kad se nešto uradi, udruženje se ukida, rastura se, a njegovi članovi iščezavaju u prirodi.

Toro u *Građanskoj neposlušnosti* pokazuje kakva se snaga može razviti pred logikom mašinerije liberalnog kapitalizma. To pokazuje i borba Davida i Golijata: nema nikakve potrebe da čovek bude krupniji od protivnika, dovoljno je biti lukaviji i maštovitiji, inteligentniji i odlučniji. Skup sabranih i spregnutih energija patuljaka s ostrva Liliputa uspeo je da sruši diva Gulivera. Mnoštvo tananih spona, ogroman broj mreža sabranih sitnih dejstava, libertarijanska paukova mreža može naneti štetu i davno razrađenom mehanizmu.

Povezivanje na polju konkretne politike pokazuje koliko je nadahnuto tim načelima. Sindikatima, izgubljenim u oligarhiji protiv koje se navodno bore, ono suprotstavlja silu pojedinaca okupljenih radi zajedničkog delovanja. Nomadsko, dinamično, aktivno se sukobljava s nepomerljivom, statičkom, okoštalom kristalizacijom dobrostojećih sindikata. Protiv sindikalizma koji sarađuje sa sistemom, protiv onoga koji se sistematski protivi a nikad ništa ne gradi, praveći se da ne vidi dva ćorsokaka, povezivanje je upečatljivo izišlo na društvenu pozornicu: pošto se ne zna kako bi se moglo svesti u određene okvire, njegova logika je neprozirna, i ne može se potkupiti uobičajenim sredstvima. U toj novoj konstelaciji nalazimo duh sindikalizma Fernana Pelutjea[1] i njegovih sledbenika.

3

Hedonistička politika. Po čemu se za tu mašineriju otpora može reći da je hedonistička? Pre svega: postoji li hedonistička politika? I ako postoji, koja? Naime, uobičajeno omalovažavanje hedonizam često shvata kao opravdanje

---

[1] Fernan Pelutje (1867–1901) francuski anarho-sindikalista, vođa Berze rada, velikog francuskog sindikata, od 1895. do smrti. Pelutjeove teorije bile su izvanredno važne za Revolucionarni sindikalni pokret u Italiji koji se javio krajem XIX veka, i značajno su uticale i na Žorža Sorela. – *Prim. prev.*

za pojedinačno i egoistično uživanje bez ikakve političke dimenzije. To, međutim, znači slabo poznavati istoriju političkog hedonizma koji od Epikura do Stjuarta Mila, u najmanju ruku, preko Helvecija i Bentama, dokazuje da u njemu postoji dimenzija kolektiva i zajednice.

Marks i Fuko veoma su naškodili anglosaksonskom utilitarizmu. Prvi, zbog intelektualne i političke prevlasti društvenog polja u njegovo vreme; drugi zbog preterano uske stručnosti – njegov rad samo na panoptikumu, bez obaziranja na celinu projekta, naveo ga je da napiše gluposti o Bentamu. Naime, hedonistički utilitarizam je nešto sasvim različito od bakalske filozofije ili izumevanja modernog totalitarizma! Čišćenje istoriografije takođe mora računati da će tu biti i neočekivanih ličnosti: tako i autori *Kapitala* i *Istorije ludila*!

Kakav mi je to bakalin, ako se bori za dekriminalizaciju homoseksualnosti – *Ogled o pederastiji* (1785!) – za prava manjina – žena i dece – za dostojan položaj životinja nad kojima se ljudi nekažnjeno iživljavaju, kao da su dželati, za humanije uslove u zatvorima – *Panoptikum* (1791); jedinstven je izumitelj totalitarizma taj čovek koji je sastavio spisak šteta koje je napravila religija – *Prirodna religija* (posthumno, 1822) – koji kod političara napada maniju upotrebe drvenog jezika – *Priručnik političke obmane* (1824). U *Deontologiji* on politiku podređuje etici: svaka hedonistička politika brine o **najvećoj mogućeoj sreći za najveći broj ljudi**. Taj cilj i dalje je aktuelan...

Dakle, nema baš nikakve veze s političkim liberalizmom. Sloboda anglosaksonskog utilitarizma kao cilj ima poželjnu, željenu slobodu koja je stvorena tokom Francuske revolucije – i usput napomenimo da je Konvent proglasio Džeremija Bentama francuskim građaninom... Džon Sjuart Mil išao je ukorak s njim svojim *Upozorenjem ženama* (1869), izvanrednom odbranom feminizma, i *O slobodi* (1859), knjigama dostojnim da se nađu u biblioteci svakog libertarijanca... Od tog doba, odbacivanje te osetljivosti političkog hedonizma – hedonističke politike – u budžake istorije i tu potiče od kritike dominantne istoriografije.

Hedonistička i libertarijanska postmoderna politika teži stvaranju tačno određenih oslobođenih odeljaka, prostora i nomadskih zajednica izgrađenih na prethodno navedenim načelima. Tu nema ni nacionalne ni planetarne revolucije, nego su u pitanju trenuci, koji izmiču dominantnim modelima. Revoluciju treba praviti oko sebe, pošavši od sebe, kroz objedinjavanje izabranih pojedinaca koji će učestvovati u tim bratskim iskustvima. Ta *mikrodruštva po izboru* pokretaće delotvorne *mikrootpore* kako bi se na licu mesta suprotstavljali dominantnim *mikrofašizmima*. Mikrološko doba u kojem se nalazimo obavezuje na stalno delovanje i neprekidnu angažovanost.

Težnje ka boljoj državi, miroljubivom društvu, srećnoj civilizaciji, proističu iz detinjaste želje. U ovom svetu moćnih liberalnih šablona treba da gradimo konkretne utopije – ostrvca osmišljena poput Telemske opatije – koje su tačno utvrđene i mogu se ponavljati na svakom mestu, u svakoj prilici i pod svakojakim okolnostima. I nomadske Epikurove vrtove, sagrađene polazeći od sebe. Gde god da se nađemo, stvarajmo svet kojem težimo i izbegavajmo onaj koji odbacujemo. Sve su to minimalne politike, naravno, politike za ratno vreme, nesumnjivo, politike otpora neprijatelju moćnijem od nas, očigledno, ali ipak politike.

Van svake sumnje, rešenja mogu delovati sasvim siromašno. U stvari, ona to i jesu, onako kao što se govori o

Siromašnoj umetnosti. Ali, jesu li te mikrološke inicijative siromašnije od parlamentarne demokratije u raspadanju? Od predsedničkog sistema izgrađenog na medijatizovanom spektaklu pozorišta preuveličanih ega? Od opšteg prava glasa u vreme opšteraširene nekulture? Od pretvaranja politike u što jeftiniji spektakl? Od masovne depolitizacije? Od opstajanja starih, izanđalih istorijskih shema? Siromašnije, ili manje siromašne?

Libertarijanski stav predlaže egzistencijalnu praksu u svakoj prilici i u svim okolnostima. Anarhija koja želi da stvara i organizuje društvo na načelu unapred utvrđenog uzora neizbežno bi nas dovela pred katastrofu. Anarhističko društvo? Eto kobne i neverovatne perspektive. Naprotiv, libertarijansko ponašanje, čak i u društvu koje bi želelo da ostvari anarhiju, eto, to je etičko rešenje – a time i političko! Naime, cilj, ovde kao i svuda, ostaje isti: stvaranje pojedinačnih ili zajedničkih prilika za stvarnu ataraksiju i istinsko spokojstvo.

Mišel Onfre
MOĆ POSTOJANJA
*

Izdavačko preduzeće
RAD
Beograd, Dečanska 12
radbooks@eunet.yu
*

Za izdavača
SIMON SIMONOVIĆ
*

Grafički urednik
NENAD SIMONOVIĆ
*

Lektor i korektor
MIROSLAVA STOJKOVIĆ
*

Štampa
Elvod-Print, Lazarevac

CIP - Katalogizacija u publikaciji
Narodna biblioteka Srbije, Beograd

101 17.036.1 141 821.133.1-4

ONFRE, Mišel
Moć postojanja : hedonistički manifest/Mišel Onfre;(s francuskog
prevela Aleksandra Mančić). - Beograd: Rad, 2007 (Lazarevac :
Elvod-print). -227 str. ; 21cm. - (XXI vek; knj. 4)

Prevod dela : La puissance d'exister/Michel
Onfray. - Napomene uz tekst.

ISBN 978-86-09-00972-3

a) Hedonizam b) Filozofija c) Ateizam d)Etika e) Estetika f)
Politika

COBISS. SR-ID 143717644